HET HEEFT ZO MOETEN ZIJN

EEN WAARGEBEURD VERHAAL OVER KRACHT, WONDEREN EN OVERWINNING VAN DE MENSELIJKE GEEST

ROSLYN FRANKEN

VERTAALD DOOR
MONIQUE ANDERSEN

Bestelinformatie:
Kwantiteitaankoop. Er zijn speciale kortingen beschikbaar op kwantiteitaankopen door bedrijven, verenigingen en anderen. Neem voor meer informatie contact op met info@RoslynFranken.com

Vrijwaring:
Er is alle redelijke moeite gedaan om de juistheid van de informatie in het boek Meant to Be (Het Heeft Zo Moeten Zijn, vert.) te garanderen. Roslyn Franken kan niet verantwoordelijk worden gehouden voor eventuele onjuistheden of een verkeerde voorstelling van zaken in het boek Meant to Be (Het Heeft Zo Moeten Zijn, vert.).

Gedrukt in de Verenigde Staten van Amerika
ISBN 979-8-218-54254-2

*Ter viering van mijn geliefde ouders,
John & Sonja Franken - twee onwaarschijnlijke
overlevenden van de Tweede Wereldoorlog die altijd
stralende voorbeelden waren in hoe het
leven te waarderen en door te gaan
ondanks lijden en ontberingen.*

*Opgedragen aan al mijn familieleden die
de Tweede Wereldoorlog overleefden.*

*Een tribuut aan al mijn familieleden die overleden
in de Tweede Wereldoorlog die ik helaas
nooit heb ontmoet, maar waarvan ik weet
dat zij altijd bij mij zijn.*

*Ter herinnering aan de zes miljoen
Joden en niet-Joden die overleden in
de Holocaust, en al de dappere
Krijgsgevangenen en burgers
die hun leven verloren terwijl zij
krijgsgevangen waren in Japan.*

Inhoudsopgave

Introductie

Wat ik met jou wil delen is de waargebeurde en inspirerende reis van mijn ouders, John en Sonja Franken, twee onwaarschijnlijke overlevenden van de Tweede Wereld Oorlog. Het is een onvergetelijk verhaal over oorlog en overleven, hoop en wonderen èn overwinning van de menselijke geest.

Terwijl John gevangen is genomen door de Japanners en moet vechten voor zijn leven als een krijgsgevangene, is Sonja gevangen door de Nazi's om de verschrikkingen van Auschwitz en andere concentratiekampen in Nazi Europa te ondergaan. Opmerkelijk is dat John de Nagasaki atoombom overleeft en Sonja wonderbaarlijk in drie verschillende situaties aan de dood in de gaskamers ontsnapt.

Na onvoorstelbaar lijden en wreedheden, eindeloze testen van lef en vertrouwen in het lot in de handen van hun wrede gevangennemers, worden John en Sonja bij elkaar gebracht in de meest buitengewone omstandigheden om hun levens weer op te bouwen, gebaseerd op liefde, vertrouwen en verbinding.

In 1983, op 56-jarige leeftijd, wordt Sonja gediagnosticeerd met levensbedreigende kanker met een levensverwachting van niet meer dan twee jaar. Zij overlijdt 21 jaar later na een dappere strijd en laat haar doctoren hiermee perplex staan. In 1989, op 67-jarige leeftijd, moet John met al zijn machtvechten om een zware hartaanval en noodzakelijke openhartoperatie met 5-voudige bypasses te boven te komen.

Toen ik opgroeide begreep ik niet volledig hoe mijn ouders' verschrikkelijke ervaringen mijn opvoeding en kijk op het leven hebben beïnvloed. Ik was jong, zij waren gewoon mijn ouders, net als bij iedereen. Het was op het moment dat ik kanker het hoofd moest bieden op de jonge leeftijd van 29, dat ik wezenlijk mijn ouders zag met hun unieke verledens door mijn nieuwe blik naar de werkelijkheid.

Wanneer ik het verhaal van mijn ouders deel, vragen mensen mij vaak: *"Hoe zijn jouw ouders gevangen genomen? Hoe overleefde jouw vader de atoombom? Hoe in hemelsnaam overleefde jouw moeder de gaskamers op drie verschillende momenten? Wat hield hen staande gedurende al die jaren van gevangenschap? Waarom gaven zij hun wil om te leven niet gewoon op zoals zoveel anderen? Hoe hebben zij elkaar ontmoet? Hoe heeft jouw moeder zo lang succesvol kunnen vechten tegen kanker? Hoe was het om op te groeien als een tweede generatie van oorlogsoverlevenden?"* Degenen die mijn ouders persoonlijk kenden vroegen mij: *"Hoe kan het dat jouw ouders zulke positieve, vrolijke mensen zijn terwijl zij zoveel verschrikkingen hebben meegemaakt?"* Dit zijn vragen die ik in detail zal beantwoorden in dit boek.

Wanneer ik hun opmerkelijke verhalen over overleving en triomf deel, reageren mensen vaak: *"Hadden zij even geluk. Wat een toeval."* Was het echt toeval of puur geluk dat de levens van mijn beide ouders werden gespaard op de meest ongewone en buitengewone manieren die je straks zult ontdekken? Mijn ouders geloofden niet in toeval of puur geluk. Zij geloofden dat alles in het leven *'bashert'* is - een geweldig Jiddisch woord met verschillende betekenissen, één daarvan is *'het heeft zo moeten zijn'*.

Het overlevingsverhaal van mijn ouders is vol wonderbaarlijke gebeurtenissen, elke zo onmogelijk als de volgende. Zij geloofden dat elk van de wonderen die hen toekwamen, er één was van *'het heeft zo moeten zijn'*. Niettemin vertrouwden zij niet op de wonderen alleen. Je zult zien hoe de wonderen die hun veel tijd hebben bespaard onbetekenend zouden zijn geweest en geen effect zouden hebben gehad als zij niet tegelijkertijd hun aandeel hadden genomen. Zij zagen hun rol als hoopvol, machtig, dapper en besluitvol te blijven, alsook vol zelfvertrouwen dat zij zouden blijven leven om de volgende dag mee te maken en de volgende en de volgende. Wat ik denk dat mijn ouders liet volhouden ondanks de verliezen, wreedheden en ongeluk die zij ondervonden, was een krachtige combinatie van hun eigen kracht, God's wonderen en hun triomf van geest, alles wat *zo had moeten zijn.* Daarom de titel van dit boek - HET HEEFT ZO MOETEN ZIJN: EEN WAARGEBEURD VERHAAL OVER KRACHT, WONDEREN EN OVERWINNING VAN DE MENSELIJKE GEEST.

Of je nou wel of niet gelooft in God of wonderen, of er mee eens bent dat alles *'zo heeft moeten zijn'*, dit boek vraagt jou om eenvoudig je hart te openen en je gedachten uit te dagen voor de mogelijkheden hiervan. Het nodigt je uit te overwegen wat het zou betekenen voor jou om jouw eigen verliezen en tegenslagen te boven te komen wanneer je deze mogelijkheid omarmt.

Ik heb gehoord dat kinderen van Holocaust overlevenden, daarnaar refererend als de "Tweede Generatie", sterk beïnvloed kunnen worden door de verschrikkelijke gebeurtenissen die hun ouders hebben ondervonden in de kampen, zowel positief als negatief. Daarom, als een Tweede Generatie kind, wil ik niet alleen de ervaringen van mijn ouders delen, maar ook wat ik van hen geleerd heb en waarvan ik denk dat we allemaal kunnen leren van hen en in onze eigen levens kunnen toepassen.

Ik weet bijvoorbeeld, dat mijn ouders' overtuigingen, waarden en houdingen een diepgaande invloed hebben gehad op hoe ik mijn leven leef. Terugkijkend kan ik nu zien dat het pas was toen ik op de jonge leeftijd van negenentwintig gediagnosticeerd werd met kanker, ik pas echt begreep hoe veel ik hun niet-opgeven-houding en geloof dat alles in het leven *zo heeft moeten zijn* had geërfd. Alles wat ik van hen leerde was nuttig in het verslaan van mijn kanker en het overwinnen van veel meer tegenslagen in het leven die volgden, inclusief een pijnlijke scheiding, financiële beproevingen, een zwaar auto-ongeluk en het verschrikkelijke verlies van mijn moeder aan kanker om er maar een paar te noemen.

De vraag welke iemand zou kunnen vragen is, *"Als alles 'zo heeft moeten zijn', dan zeg je dat negatieve gebeurtenissen 'zo hebben moeten zijn' net als de positieve? Is dat niet te gemakkelijk en comfortabel?"* Ik vind dit heel logisch en een legitieme vraag.

Mijn doel is door het delen van de gebeurtenissen en de persoonlijke reflecties op de pagina's in dit boek, te laten zien hoe de krachten van de menselijke geest, keuzes die we maken en ons gevoel van eigenwaarde geen grenzen hebben. We zullen zien dat dingen gebeuren die we niet begrijpen of kunnen uitleggen, maar dat het op een of andere manier *zo heeft moeten zijn*.

Mijn ouders hebben het ergste ervaren en gezien van de mensheid. Zij zijn geslagen, gemarteld, hebben hongersnood geleden en zijn gedwongen om te leven en te werken in de meest verschrikkelijke leefomstandigheden. Zij zijn beroofd van hun dierbaren, hun jeugdige onschuld, hun vrijheid, hun thuis en al hun materialistische bezittingen, maar wat niemand van hun kon afnemen was hun wil om te leven. Elke dag zagen zij mensen voor hun ogen overlijden in de meest angstaanjagende omstandigheden. Ondanks alle ondergane en geziene verschrikkingen, gaven zij nooit hun wil om te overleven op. Later in hun leven, geconfronteerd met hun levensbedreigende gezondheidstegenslagen, bleven zij doorgaan met dezelfde moed, overtuigingen en waarden. Zij lieten hun gezondheidsproblemen hen niet verslaan. Door al hun geleden verliezen en lijden, wisten zij wat het betekent om door te blijven gaan, het leven te nemen zoals het komt en om dankbaar te zijn voor elke ontvangen zegening.

Wanneer ik door moeilijke periodes heen ga, herinner ik mij de ervaringen van mijn ouders die mij grote kracht en moed geven. Nadenken over hun ervaringen geeft mij kracht om continu te vertrouwen dat ook ik zal overwinnen wat er op mijn pad komt en dat mijn tegenslagen misschien *zo hebben moeten zijn*. Dat is hoe ik kanker heb verslagen, mijn gewichtsproblemen heb overwonnen, en bloeide ik naast andere levenstegenslagen die slecht hadden kunnen gaan, als ik dat toegestaan had.

Als je door het lezen van dit boek ook maar een nieuw inzicht, inspiratie of perspectief krijgt over hoe jij jezelf ziet, anderen ziet en de wereld om je heen, dan ben je in staat deze wereld een betere plaats te laten zijn - een nobel ideaal waar we allemaal naar kunnen streven - als we er voor kiezen.

Ik hoop dat je geïnspireerd wordt met een dieper besef van hoop en vertrouwen wat je naar een hogere plaats in jezelf van grotere kracht, moed en vastberadenheid brengt. Je zult beter in staat zijn om je eigen ups en downs het hoofd te bieden dan je je had kunnen voorstellen. Ik geloof oprecht dat hoe we meer zelfverzekerd, veerkrachtig en gezonder in gedachten, lichaam en geest zijn als individuen, hoe sterker we collectief zijn voor het groter geheel. Op deze manier, zijn we misschien eindelijk in staat de universele gelofte van Nooit Meer te handhaven en de geschiedenis te stoppen zichzelf telkens weer te herhalen.

De gedeelde informatie over mijn ouders is een combinatie van geselecteerde verhalen die zij mij hebben verteld, verhalen van mijn vaders eerdere geschriften, alsook historische feiten verzameld via het internet waarbij verwezen wordt naar de bronnen die in het Eindnotendeel staan van dit boek.

John en Sonja waren in twee aparte oorlogen tegelijkertijd in verschillende delen van de wereld. Daarom zal ik in het vertellen van hun bijzondere reizen heen en weer springen zodat je kunt begrijpen hoe zij door de parallelle ervaringen van hun ongelooflijke kracht, humor en veerkracht hun onverdraaglijke omstandigheden hebben kunnen overwinnen. Je zult ook doorkrijgen hoe de verbazingwekkende wonderen die gebeurden hen tegelijkertijd spaarden van de dood in meerdere situaties.

Ik zal de volgende dingen met je delen: een glimp in de jeugd van mijn ouders totdat zij gevangen werden genomen gevolgd door een aantal belangrijke momenten die hun ervaringen als gevangenen en bevrijdenen vormden; inzage in de onwaarschijnlijke gebeurtenissen die leidden tot hun ontmoeting, huwelijk en de dappere emigratie van mijn moeder van Nederland naar Montreal, Canada; de opmerkelijke 21-jarige triomf van mijn moeder over kanker, en de ongelooflijke overleving van mijn vader van een zware hartaanval en een openhartoperatie met vijf bypasses; de persoonlijke ontdekkingen die ik deed tijdens mijn kankerperiode waarbij ik geïnspireerd was door de ervaringen van mijn ouders; en mijn eigen voorbeelden van onwaarschijnlijke gebeurtenissen waar ik op terug grijp wanneer ik het nodig heb om mij te herinneren dat wonderen gebeuren en *alles zo heeft moeten zijn.*

Deel I

Van Jeugd naar Gevangenschap en Bevrijding

Hoofdstuk 1

Goed nieuws pakt slecht uit voor John

John is geboren op 10 april 1922 in Semarang, de hoofdstad van Centraal Java te Indonesië. Allebei zijn ouders waren Nederlands-Indonesisch. Indonesië was toen een kolonie van Nederland, bekend als voormalig Nederlands Oost Indië. Toentertijd was er een grote Nederlandse populatie woonachtig.

Als John één jaar oud is, verhuizen zijn ouders naar een klein dorp in het zuiden van Java, Purworedjo, waar zij een bescheiden hotel openen dat Hotel J. Franken heet. Het gezin leeft onbezorgd in het achterste gedeelte van het hotel.

Foto van Hotel Franken

John herinnert zich graag hoe hij op zijn blote voeten door het gras rent en verstoppertje speelt met zijn broers onder de kokospalmen in de achtertuin.

John was Joods geboren, maar groeide niet op met het uitvoeren van alle tradities en gewoonten van deze religie. Hij leerde veel van het religieuze erfgoed van de verkopers die vanuit Nederland hun waren verkochten en verbleven in het hotel van zijn ouders. Hij bewaart goede herinneringen aan het intens luisteren naar hun verhalen over Chanoeka (feest van het licht, vert.), Poerim (Lotenfeest, vert.), Pasen en andere Joodse feestdagen. Hij hield ervan om te horen over alle wonderen van overleven en de kracht van zijn volk in het overwinnen van hun onderdrukking.

John realiseerde zich niet dan hij Joods was totdat hem iets vreselijks overkwam in groep 3. Hij zal nooit vergeten dat zijn leraar het volgende over hem zei in een volle klas tegen het meisje wat achter hem zat: *"Zie je de jongen die voor je zit? Hij is een Jood, dus als je hem wilt slaan, heb je mijn toestemming."* Dit was de eerste keer dat John zoiets verschrikkelijks meemaakte. Hij kon niet begrijpen waarom het meisje dat achter hem zat hem ook maar wilde slaan als hij haar niet iets aan had gedaan. Hij kon al helemaal niet begrijpen waarom zij hem zou willen slaan omdat hij Joods was. Hij wist niet eens wat het betekende. John ging die dag naar huis en vroeg zijn moeder wat het betekende wanneer de leraar zei dat hij een 'Jood' was. Zij legde het hem zo goed als zij kon uit. Hij begreep al snel dat het hem anders maakte dan iedereen. Hij herinnert zich hoe het hem afstootte van de andere leerlingen en dat hij zich diep gekwetst voelde door wat de leraar zei tegen het meisje dat achter hem zat. Hierdoor ervoer hij voor het eerst iets gemeens van het antisemitisme en vroeg de Joodse verkopers hem meer over zijn religie en de geschiedenis van zijn volk te vertellen.

John had vier broers en was de tweede jongste van de vijf jongens. Zijn oudere broer, Paul, was de eerste die trouwde. Het enige probleem was dat er geen Rabbijnen in Nederlands Oost Indië waren om de religieuze trouwceremonie te begeleiden. Paul schreef een brief aan een Rabbijn in Nederland om advies te vragen. Hij kreeg direct het antwoord dat iedere godsdienstige Jood de ceremonie kon begeleiden. Toen hoorden ze van een meneer Van der Velde die gekwalificeerd was en de ceremonie graag wilde begeleiden. Van der Velde werd goede vrienden met John's familie. Hoe kon John toentertijd vermoeden dat mevrouw Van der Velde een belangrijke rol zou gaan spelen in zijn volwassen leven en toekomst?

John's vader, Leopold, overleed in 1940 aan bloedvergiftiging. Aan zijn sterfbed, riep hij zijn twee jongste zonen John en Albert bij zich en zei tegen hen: *"Leer een goed vak mijn zonen zodat jullie nooit honger zullen lijden."* John zal die woorden nooit vergeten.

In 1940 vierde John trots zijn achttiende verjaardag. Hij was een beetje gezet als kind, maar tegen de tijd dat hij achttien werd, was hij afgevallen en opgegroeid tot een knappe jongeman. Hij had een dikke bos donker haar, net zo mooi als zijn warme lach en vriendelijke bruine ogen.

Net afgestudeerd van de technische school, waar hij geleerd had te lassen en aan een draaibank te werken, verlangde hij ernaar een gespecialiseerd vak te leren net als zijn vader hem adviseerde zodat hij een goed leven voor zichzelf kon opbouwen, kon trouwen en een gezin kon stichten. Dat was zijn droom. Toen kreeg John het goede nieuws.

Hij ontving zijn inschrijving voor militaire dienst van de Nederlandse Marine Luchtmacht voor dienst in Surabaya. Daar zou hij eindelijk een vak leren als een vliegdekschip werktuigkundige. John was zo blij. Hij was niet erg groot met zijn

1.65 meter, maar op dit moment voelde hij zich twee keer zo groot. Dat is wat hij van binnen voelde. Hij zag deze brief als een ticket naar vrijheid. Het betekende dat hij eindelijk van huis weg kon, een vak kon leren en een nieuw leven starten als een zelfstandig volwassene. Dit zou hem een stap dichterbij het leven van zijn droom brengen: trouwen en een gezin stichten.

John rende naar buiten om het zijn moeder te vertellen die buiten bezig was de was op te hangen aan de waslijn. Rosetta was een kleine lieve vrouw die van al haar jongens evenveel hield. Drie van de andere vier jongens waren het huis al uit en met het onlangs overlijden van haar man, dat John nu wegging, en haar jongste zoon die het leger inging, kan ik me alleen maar voorstellen hoe moeilijk het voor haar geweest moet zijn om te horen van John's inschrijving van militaire dienst. Ze werd in onzekerheid achter gelaten over wanneer ze de jonge John of één van haar andere geliefde jongens zou weerzien.

Foto van de ouders van John: Rosette Franken-Kaas en Leopold Franken

John pakte een paar basisbezittingen in en reisde vol enthousiasme naar Surabaya klaar om zich te melden voor dienst. De training begon direct. Er was zo veel te leren, maar John hield van leren en absorbeerde alles als een spons en liet een natuurlijke aanleg zien voor het vak.

Na acht maanden van training, op 8 december 1941, werden de dromen van onafhankelijkheid, vrijheid, kunnen trouwen en een gezin stichten een complete halt toe geroepen. Dat was de dag dat de oorlog uitbrak in het Verre Oosten. Het was de dag dat het spoor van John's leven voor altijd veranderde.

Met de oorlogsverklaring leerde John voor het eerst van vele keren daarna, hoe het leven 180 graden kan keren, zomaar ineens. Hij vertelt jou van zijn ervaringen hoe *"dingen in een nacht zomaar kunnen veranderen"*. Dit was de eerste keer dat John's leven op het spel stond. Hij had geen idee wat er nog zou komen.

Ontsnappen aan de vijand

Vrezend voor hun leven kregen John en zijn divisie orders om zich voor te bereiden op een noodevacuatie. John haastte zich in hoge nood naar de toiletten dicht bij de schuilkelder. Zittend op het toilet ging het bomalarm onverwachts af omdat de vijandelijke vliegtuigen snel naderden. In paniek haastte hij zich naar de schuilkelder, rennend voor zijn leven terwijl hij verwoed worstelend zijn broek probeerde op te trekken. Hij dook in de schuilkelder en redde het net op tijd. Veilig in de schuilkelder komt John op adem, omgeven door zijn maten die opgelucht adem haalden dat hij het op tijd gered had om de schuilkelder levend te bereiken.

Toen het bombardement voorbij was en de stilte terugkeerde, verlieten de jongens de schuilkelder. John keek naar de rij toiletten en tot zijn ongeloof zag hij dat het toilet waar hij op had gezeten de enige was die verwoest was door een bom. Hij herinnert zich dat zijn knieën begonnen te knikken toen de werkelijkheid tot hem doordrong hoe hij maar net aan de dood ontsnapt was. Hij keek naar de hemel, zijn handen tegen elkaar en bedankte God voor het sparen van zijn leven.

Dit verhaal aan mij vertellend, benoemt hij hoe dit de eerste van de vele keren was dat hij overleefde door wat hij een wonder noemt. Hij voelt dat de 'split second timing' te onmogelijk was om het zomaar toeval te laten zijn. Misschien was het puur geluk, maar mijn vader is er van overtuigd dat *"het zo heeft moeten zijn"*. Terugkijkend naar dat moment, voelt hij in zijn hart dat het bedoeld was dat hij zou leven en niet zou doodgaan. Met wat voor doel wist John niet, maar hij geloofde dat de tijd het zou leren.

John en zijn kameraden werden in een bus geladen voor een evacuatie naar Chilachap, een havenstad in het zuiden van Java. De autochtone buschauffeur kon niet omgaan met zijn eigen angst, verliet de bus zonder iets te zeggen, de jongens gestrand achterlatend in 'the middle of nowhere'. John en zijn maten waren bang en verward, niet wetend hoe te reageren en wat te doen.

Een van zijn maten stapte naar voren en bood vrijwillig aan het stuur over te nemen. Er was alleen één probleem: niemand wist hoe zij van de plek waar zij waren naar de plek waar zij naartoe wilden moesten komen. Zij hadden geen kaart en alle wegwijzers waren verwijderd. Om deze obstakels te overwinnen, gidsten zij één voor één de chauffeur door een specifiek gebied die zij het best kenden.

De chauffeur stopte in elk dorp langs de weg waar de jongens vandaan kwamen zodat zij afscheid konden nemen van hun families. Dit gaf John de mogelijkheid om fatsoenlijk afscheid te nemen van zijn moeder, niet wetend dat dit de laatste keer zou zijn dat hij haar zou zien. Hij omhelsde en kuste zijn moeder gedag, haar verzekerend dat alles goed zou komen ook al wist hij diep in zijn hart dat de kans er was dat hij haar nooit meer zou zien. Hij herinnert zich nog zijn laatste groet vanuit de bus totdat zij uiteindelijk uit elkaars zicht waren. Het lot was dat hij haar deze keer eigenlijk voor het laatst in levende lijve zou zien. Hij vertelde mij dat de chauffeur die de bus verliet *"zo heeft moeten zijn"*. Als dat niet gebeurd was, had mijn vader nooit meer de mogelijkheid gehad voor zijn laatste afscheid van zijn moeder.

Met deze instelling was hij dankbaar voor de chauffeur die de bus had verlaten. Overtuigd zijnde dat *"het zo heeft moeten zijn"*, stelde dit hem in staat de positieve uitkomst te zien van iets wat eerst leek op een verschrikkelijke wending. Dit is een mooi voorbeeld van hoe moeilijke tegenslagen later terugkijkend positief van invloed blijken te zijn geweest als we doorgaan. Het is ook een wonder dat het hen gelukt is de weg naar de haven te vinden zonder een kaart, richtingen of zelfs wegwijzers.

Bij aankomst in Chilachap, gingen John en zijn maten direct aan boord van een schip om aan de Japanse vijanden te ontsnappen. Er waren twee schepen om uit te kiezen: de *Kotabarou* en de *Tjeiroasa*. Hoe moesten zij kiezen op welk schip zij aan boord zouden gaan? John en vijf van zijn beste maten overlegden om een besluit te nemen. Zij kozen de *Tjeiroasa* omdat het een schip was wat bedoeld was voor hun opzichters, officieren, korporalen en sergeanten. Zij dachten dat als zij bij de *topmannen'* zouden gaan, zoals zij hen noemden, zij waarschijnlijk beter eten zouden krijgen.

John's schip, onderweg naar vrijheid in Australië waar hij zijn training zou afmaken, haalde helaas zijn beoogde eindbestemming niet. Ook dit, moet *"zo zijn geweest"*. Welke richting zou het leven van mijn vader opgegaan zijn als mijn vader voor het andere schip had gekozen? Zou ik hier eigenlijk wel geweest zijn en dit nu voor jou aan het opschrijven zijn? We zullen het nooit weten. Alles wat we weten is welk lot mijn vader is overkomen.

Gevangen op zee

Staand op het dek om 2 uur 's middags, kijkend naar de lucht zag John een Japans gevechtsvliegtuig naderen. Het vloog over zonder bijzonderheden. Hij zuchtte diep van opluchting en dacht dat zijn leven gespaard was en dat hun schip veilig was.

Later die dag zagen John en zijn maten plotseling in de verte Japanse kruisers snel naderen met torpedo's recht op hun schip gericht. John en drie van zijn maten, hoopvol en vastbesloten, haastten zich naar de andere kant van het schip vanwaar zij van plan waren vanaf te springen naar veiligheid. Helaas, toen zij daar aankwamen en naar het water beneden keken, zagen zij een school haaien in rondjes zwemmen.

John keek naar de haaien beneden en toen naar de Japanse kruisers die nu hun schip omcirkelden als haaien. Met niets meer dan hun ouderwetse geweren voor bescherming en een verpletterend gevoel van nederlaag, kozen John en zijn maten ervoor om niet te springen.

De Japanse kapitein kwam aan boord van het schip en schreeuwde: *"Jullie zijn nu allemaal krijgsgevangenen. Jullie moeten alle orders van mij opvolgen. Degenen die dat niet doen worden neergeschoten."*

Met die verklaring werden John en zijn maten direct krijgsgevangenen. John had geen idee wat dit lot zou betekenen voor de volgende drie-en-een-half jaar van zijn leven.

Hoofdstuk 2

Verlies van onschuld voor Sonja

Mijn lieve moeder werd geboren als Schoontje Pagrach op 6 februari 1926 te Rijssen, een typische provinciestad in Overijssel in Nederland. Het is pas na de oorlog dat zij Sonja genoemd wordt. Ik heb mijn moeder altijd gekend als Sonja, ik zal haar dan ook zo noemen.

Haar vader Abraham, was een koosjer slager en haar moeder Mittje was thuis om de kinderen op te voeden en het huishouden te runnen.

Foto van de ouders van Sonja: Abraham Pagrach en
Mietje Pagrach-Van de Vries

Sonja groeide op in een traditioneel Joods gezin waar de Sabbat, feestdagen en regels van de Torah met blijdschap, devotie en respect werden nagekomen.

Mijn moeder hield van het zingen van alle gebeden, in het bijzonder die van de Sederavond met Pasen. Ze had een natuurlijke, mooie zangstem wat een belangrijke rol in haar jeugd en gedurende haar volwassen leven speelde. Wanneer ze moeite had om in slaap te vallen als een jong kind, zong zij zichzelf in slaap herinnert zij zich. Zingen, vertelde zij mij, was wat haar altijd veilig en levend deed voelen. Dat was wat haar ziel voedde, wat er ook om haar heen gebeurde.

Sonja was het 'closest' met haar oudere zus Ro, die op de dag precies tien jaar ouder was. Zij keek altijd op tegen Ro en hield veel van haar.

Foto van de zus van mijn moeder, Rosette

Ze had een tweelingzus, Ali, en nog een zus, Johanna. Helaas heb ik geen foto van Johanna.

Foto van Links: Ali Rechts: Sonja

Zij had ook twee broers, Manuel en Samuel.

Foto van: Manuel

Foto van: Samuel

Merk de Davidster op welke is genaaid op zijn linker borstzak. Alle Joden moesten een Davidster dragen op hun kleding als identificatie.

Net voor de oorlog, plande Ro haar bruiloft met een man die Hans heette en die zij heel erg lief had. Sonja verheugde zich op het zingen tijdens de bruiloft. Helaas, werd Hans meegenomen door de Nazi's toen Duitsland uiteindelijk mijn moeders stad bezetten. Hans is nooit meer gezien. Dit brak Ro's hart. Na de oorlog vernam zij dat hij overleden was in Auschwitz.

Sonja was verliefd op Hans. Zij zei altijd tegen Ro, "Als jij niet met Hans trouwt, dan doe ik het." Helaas zou Sonja nooit op de bruiloft zingen. Ze was in en in verdrietig toen zij later hoorde over zijn tragisch lot.

Mijn moeder was een persoon die niet tegen nonsens kon. Ik herinner mij het verhaal wat zij mij vertelde van de keer dat zij als jong meisje luizen had op de basisschool. Het was zo erg dat haar moeder Sonja's haar afschoor en haar een hoed liet dragen om haar kale hoofd te bedekken. Natuurlijk gaf dit de schoolpestkoppen een goede reden om gemene dingen te zeggen, haar uit te lachen en haar hoed af te pakken. Uiteindelijk, toen zij het zat was, ging Sonja terug naar de klas en vroeg aan de leraar of zij iets tegen de klas mocht zeggen. Met de toestemming van haar leraar, stond ze voor de klas, op dat moment elf jaar oud, met grote moed en verontwaardiging en trok haar hoed van haar hoofd voor het oog van iedereen. Haar hoed boven haar hoofd houdend zei ze: *"Hier. Nu weten jullie waarom ik een hoed draag. Zijn jullie blij nu? Misschien zijn jullie de volgende die luizen krijgen en zullen jullie ook kaal zijn zoals ik nu ben. Dan zullen we zien wie er het laatst lacht."* Dat stopte het pesten. Iedereen respecteerde haar daarna en stopten met haar hoed van haar hoofd te trekken. Het mysterie was opgelost.

Ik denk vaak aan die gebeurtenis en hoeveel het laat zien van de onverschrokkenheid die mijn kleine maar machtige moeder liet zien op zo'n jonge leeftijd. Zij had geen idee dat dit de eerste van vele keren zou zijn dat zij kaal zou zijn gedurende het verloop van haar leven. Ik geloof oprecht dat dezelfde moed haar hielp te overleven in de oorlog, kanker hielp te verslaan en vele levenstegenslagen te overwinnen.

Sonja's gevangenneming

Op een dag, 15 jaar oud, keek Sonja uit het huiskamerraam en zag eindeloze rijen Nazisoldaten marcheren door de straten van kinderkopjes van haar kleine stad. Zij waren allemaal in uniform, marcheerden in hetzelfde ritme met hun harde gezichten, rechte ruggen en hoge zwarte schoenen. Ze zal het nooit vergeten: het angstaanjagende zicht en het dreigende geluid van hun schoenen bij iedere keer dat die neerkwamen op de weg. Haar typisch kleine stad was bezet door de Nazi's.

Plotseling stormde een troep Nazi's door de deur naar binnen. Zij dwongen mijn moeder en haar familie uit hun huis en namen hun mee naar het concentratiekamp in Vught, een doorvoerkamp in het zuiden van Nederland. Het kamp was 500 bij 200 meter groot en bestond uit 36 woonbarakken en 23 werkbarakken. Een dubbel stroomdraadhek met een gracht daartussen omsloot het kamp. Daaromheen waren wachttorens geplaatst om elke 50 meter. Buiten de kampgrenzen waren de leefkwartieren van de SS-officieren, een executiegebied en een fabriek welke eigendom was van de electronische reus Philips.[1]

Vught was het enige "officiële" SS concentratiekamp in Nederland. Het stond direct onder economisch directoraat van de SS in Berlijn, net als de andere concentratiekampen in Duitsland. Het bouwen van het barakkencomplex was betaald met geplunderd Joods kapitaal.[2]

Sonja, Ro en Ali werden direct gescheiden van hun moeder, vader, broers en zus om hun nooit meer te zien. Ik stel me voor dat zij zich naar elkaar uitstrekken in doodsangst met gespreide armen om zo lang mogelijk aan elkaar vast te houden, bang om elkaar te laten gaan, totdat een SS officier hun uiteindelijk uit elkaar trekt. Iedere keer dat ik deze scène in mijn hoofd zie, breekt het mijn hart.

Wat als ik het was die gescheiden werd van mijn ouders, niet wetend waar zij mij naar toe zouden nemen en als ik hun nooit meer zou zien? Ik kan me niet eens voorstellen hoe dat zou zijn. Ik zou hun niet hebben kunnen laten gaan.

Sonja was verdoofd door angst, verwarring en wanhoop. Zij en haar twee zussen waren gedwongen in de rijen voor degenen wiens levens gespaard werden van directe uitroeiing. Helaas was dat lot haar ouders en andere familieleden niet gegund. In plaats daarvan werden zij gestuurd naar het Sobibor Doden Kamp in Polen, een uitroeiingskamp waar zij werden vermoord in de gaskamers direct nadat zij daar waren aangekomen. In dit dodenkamp, wat maar voor achttien maanden bestond, zijn minstens 250.000 mannen, vrouwen en kinderen vermoord. Maar 48 Sobibor gevangenen overleefden de oorlog. [3]

Tot mijn grote spijt behoorde mijn familie tot de 250.000 die hun levens verloren en niet tot de paar overlevenden. Hoe moeilijk het ook voor mij is om het 'waarom' te begrijpen, moet ik geloven dat ook dit, *zo heeft moeten zijn* voor hen. Ik heb geleerd dat we soms in het leven niet kunnen begrijpen waarom dingen gebeuren zoals ze gebeuren, maar dat we moeten proberen het te accepteren en door te gaan. Als iemand kiest om te geloven dat alles in het leven *"zo heeft moeten zijn"*, dan zal dit net zo waar zijn voor de vervelende dingen als voor de goede dingen die gebeuren. Dat is de enige manier hoe ik het kan plaatsen. Of misschien is het niet eens de bedoeling dat je probeert te begrijpen wat zin heeft en wat niet. Daar ben ik niet zeker van.

Waarom moesten mijn grootouders worden gedood tegelijk met mijn ooms en tante? Misschien wierpen de Nazi's een blik op hun leeftijden en fysieke condities en waren zij daardoor niet voldoende van nut voor hen. Misschien sprak de manier van hoe zij eruit zagen hen niet aan. Misschien moesten zij aantallen behalen van hoeveel er die dag omgebracht moesten worden en hoeveel nieuwe werkers er aangemeld moesten worden. Wie weet? Het enige wat we weten is dat mijn moeders leven gespaard werd. Zij was jong en zag er gezond uit en blijkbaar dachten zij dat zij hard kon werken. Hetzelfde zou waar zijn voor haar zussen en dat was misschien waarom hun levens werden gespaard.

Ik zou hier willen toevoegen dat mijn vaders broer, Louis (bekend als Weitje) net voor de oorlog naar Nederland ging van uit Nederlands Oost Indië om landbouwwetenschappen te gaan studeren in de plaats Wageningen. Hij zat in het verzet totdat hij gearresteerd werd en naar het Mauthausen Concentratie Kamp in Oostenrijk werd gebracht, waar ook hij werd vermoord. Mauthausen was het enige Klasse III eindkamp, wat betekende dat dit het ergste soort kamp was in het Nazi concentratiekampensysteem: het was een strafkamp voor verzetsstrijders die schuldig waren bevonden aan sabotage net als mijn oom Weitje en andere krijgsgevangenen die gecategoriseerd waren als spionnen of commando's, Russische krijgsgevangenen die eerder ontsnapt waren en Duitse criminelen die tot de doodstraf veroordeeld waren.[4] Het breekt mijn hart dat ik ook beroofd ben van mijn oom Weitje die veel te jong overleed net zoals veel van mijn moeders familie in Sobibor.

Een van de moeilijkste dingen van het opgroeien als de dochter van overlevenden was om mijn grootouders nooit te hebben gekend en zo weinig tantes en ooms te kennen. Kijkend naar de weinige foto's, voelde ik vaak een soort van leegte van binnen, een hunkering en verlangen naar alle familieleden waarvan ik zo ten onrechte ben beroofd. Ik keek in hun ogen, mijzelf afvragend naar hun als individuen, maar ook als verloren generaties van neven en nichten en andere familieleden die ik onder normale omstandigheden gehad zou hebben. Wat voor mensen waren mijn grootouders, tantes en ooms? Hoe zouden mijn relaties zijn geweest met hen? Op welke manieren zou ik op hen hebben geleken? Wat zou ik van hen te weten zijn gekomen over mijn ouders en familiegeschiedenis? Welke ervaringen zouden we gedeeld hebben en welke familieherinneringen gecreëerd? Als kind was ik altijd heimelijk jaloers op mijn vrienden die grote families hadden met grootouders, veel tantes, ooms, neven en nichten die bij hen waren tijdens vakanties en familiefeesten. Ik ben niet trots op mijn gevoelens van jaloezie, maar dat is hoe ik mij voelde gedurende mijn tienerjaren.

Tot op heden doet het mij veel pijn als ik vertroebelde familierelaties zie. Helaas gaat het vaak over onderwerpen die in der minne opgelost zouden kunnen worden wanneer beide partijen bereid zijn om open en eerlijk te communiceren en te komen tot een wederzijds begrip. Misschien is dit niet altijd mogelijk. Ik weet het niet zeker. Hoe dan ook is het jammer wanneer niemand, of alleen één van de betrokkenen, moeite doet voordat het te laat is. Te vaak is het aan het eind van iemands leven wanneer die persoon zich realiseert spijt te hebben van het verleden en vrede wilt maken. Ik geloof dat veel van ons onze families voor vanzelfsprekend nemen and niet altijd hetzelfde niveau van verlangen of interesse delen om de nodige moeite te nemen om positieve relaties te onderhouden.

Hoofdstuk 3

Gevangene in Makassar

Nadat John's schip gevangen was genomen door de Japanners, begeleidde één van de vijandelijke kruisers John's schip naar het eiland Makassar, tegenwoordig bekend als de provinciehoofdstad van Zuid-Sulawesi, Indonesië. Ook dit "had zo moeten zijn", ook al was John gevangen genomen, hij was tenminste wel in leven.

Er heerste totale chaos bij de aankomst in Makassar. Japanse officieren schreeuwden naar de gevangenen, hun iedere keer weer opnieuw tellend in het Japans. John en zijn medekrijgsgevangenen begrepen er geen woord van, maar de lichaamstaal van hun onderdrukkers sprak boekdelen. De gezichtsuitdrukkingen van de officieren waren vervuld van gemeenheid en hun stemmen klonken hatelijk. Zij duwden en spoorden John en zijn medegevangenen aan met hun stokken en bajonetten om hen in beweging te houden.

Op weg naar beneden op de boot liep John langs de keuken waar hij een koekenpan op het fornuis zag met een gebakken biefstuk erin. Toen niemand keek, pakte hij dapper de biefstuk en stopte het in zijn shirt. Het was de laatste biefstuk die John zou eten voor de volgende drieenhalf jaar. Hij herinnert zich dat hij de biefstuk naar binnen schrokt en dat hij een kort moment van bevrediging ervaart. Ik vroeg hem wat hem het deed doen en of hij er aan had gedacht wat er zou hebben kunnen gebeurd als hij gesnapt was. Hij zei: *"Ik dacht niet aan het risico dat ik nam. Ik deed het in een impuls."* Godzijdank werd hij niet gesnapt anders was ik hier niet geweest vandaag. Dit ook *"heeft zo moeten zijn"*.

Na het van boord gaan van het schip, werden John en de krijgsgevangenen gedwongen om met grote zakken gevuld met hun kleding en andere bezittingen door de stad Makassar te marcheren. Zij hadden geen idee waar zij naartoe werden gebracht. John herinnert zich de inheemse inwoners in rijen langs de straten kijkend naar de parade van gevangenen.

Na een tijd lopen, wat voelde als uren in de hete zon, waren John en de anderen zo moe dat de tassen steeds zwaarder en zwaarder begonnen te voelen, wat het toenemend zwaarder maakte om hen te dragen. Langzaam, één voor één, begonnen ze de tassen te laten vallen. John, niet meer in staat zijn bezittingen te dragen, had geen andere keus dan zijn bepakking los te laten en het achter te laten. De oorspronkelijke bewoners wachtten langs de straten, gretig om de tassen vol met verrassingen voor hen weg te graaien. John keek achterom naar de oorspronkelijke bewoners en herinnert zich dat hij dacht dat zij op gieren leken graaiend naar zijn bezittingen, vrij om te nemen wat zij wilden. Hij draaide zich om en bleef lopen met een diep gevoel van wanhoop en vernedering. John vroeg zich af hoe veel verder hij nog moest lopen en wat hem nog te wachten zou staan.

John arriveerde in een vrouwengevangenis waar meer dan honderd gevangenen in één cel werden geperst. Een cel was bedoeld om alleen vijfentwintig tot dertig gevangenen te huisvesten. Hij was fysiek uitgeput en uitgedroogd van de mars en probeerde mentaal zijn nieuwe omgeving en omstandigheden op te nemen. Lichaam tegen lichaam, nauwelijks in staat te bewegen, keek hij rond in de gevangeniscel en zag dat er alleen één houten emmer was welke als toilet diende voor iedereen om te delen. Hoe konden zij in hemelsnaam alleen maar één toilet delen? Hoe afschuwelijk moet het zijn geweest om te leven in zulke vreselijke leefomstandigheden?

Voor de eerste twee dagen werd John gevoed met twee maaltijden per dag welke bestonden uit niet meer dan een kleine schep rijst en een vliegende vis. Omdat de rijst zo stoppend werkte had John geen beweging in zijn darmen voor meer dan tien dagen. Dit veroorzaakte wanhopige pijn en angst. John was er zeker van dat hij zou overlijden vanwege verstopping als hij niet snel wat verlichting zou krijgen. Hij wist niets beters te doen dan te bidden voor hulp. Hij was niet klaar om te overlijden en al zeker niet in op zo'n erbarmelijke manier.

Snel daarna beval een Japanse sergeant een vriend van John, een verpleger, naar het kantoor van de sergeant om hem een rugmassage te geven. Onderweg naar het kantoor van de sergeant, passeerde John's vriend een voorraadkamer waar hij een plank opmerkte welke gevuld was met grote vijfponds blikken met pruimen. Onderweg terug naar zijn cel, toen niemand keek, graaide de dappere man een blik met pruimen van de plank en smokkelde het de gevangenis in. Hij werd per direct een held in de ogen van John voor zijn dappere daad. John's gebeden waren beantwoord.

Nu was het de uitdaging om uit te vogelen hoe dat blik zonder opener geopend kon worden. John en vier van zijn maten stonden om het blik heen en te kijken naar het blik om te bedenken hoe het te openen. John, de meest verstopte en daarom de meest wanhopige van het stel, keek rond en merkte een kleine spijker op op de vloer. Hij zei tegen de anderen, de spijker omhooghoudend met een grote vastberadenheid en een grote grijns op zijn gezicht, *"Kijk eens wat ik zojuist gevonden heb. Ik kan met deze spijker gaten in de deksel ponsen. Het zal wat tijd kosten, maar ik kan het en ik ZAL het doen. Kijk maar."*

Zijn maten lachten om John en keken toe hoe John zijn idee probeerde. Zij realiseerden zich John's mate van vastberadenheid niet. Ondanks zijn fysieke zwakte, lukte het John om kracht, inspiratie en mentale standvastigheid te vinden om nauwgezet kleine gaatjes naast elkaar te ponsen in de deksel van het blik zodat hij uiteindelijk in staat was de deksel te verwijderen en de mooie pruimen werden blootgelegd. Het was alsof hij de loterij had gewonnen. John banketteerde met handenvol pruimen en de anderen volgden. Een paar uur later begon John's maag te rommelen en eindelijk was hij in staat zichzelf te verlichten waardoor hij zijn gezondheid, kracht en evenwicht terug kreeg.

Als zijn vriend niet was opgeroepen naar het kantoor van de sergeant op dat moment en was gestuit op het blik met pruimen, is het moeilijk om te weten wat John's lot zou zijn geweest. Als die spijker niet op de vloer had gelegen, John's blik niet daarop was gevallen en zijn verbeeldingskracht er niet was geweest, had dat blik pruimen daar misschien nog gestaan. Het lijkt er weer op dat het *allemaal zo heeft moeten zijn.*

Op een dag, werd John's vriend, een inheemse Molukse man van de Molukse eilanden, bekend om zijn sterke patriottisme voor de eerdere Koningin Wilhelmina van Nederland, opgeroepen naar het bewakersgebouw om een foto van Hare Majesteit van de muur te halen. De Japanse officier griste de foto bij hem weg, gooide het op de grond en begon er met zijn laarzen op te stampen, de Molukse krijgsgevangene beledigend en bespottend. De jongeman werd zo boos over de belediging en disrespect welke de officier liet zien naar de Koningin van Nederland, dat hij hem in het gezicht sloeg in een moment van ongecontroleerde woede. De officier was verbijsterd en viel hard op de grond.

John keek toe door de tralies van de gevangeniscel toen de officier langzaam opstond. Het was stil. Spanning vulde de lucht. Iedereen vreesde de straf voor de jongeman welke hij zeker zou gaan krijgen.

De officier greep de jongeman bij zijn kraag van zijn shirt en trok hem naar de binnenplaats waar hij hem vastbond aan een paal. Hij vroeg hem luid zodat iedereen het kon horen, *"Wil je geblinddoekt worden als ik je doodschiet als straf voor wat je mij net hebt aangedaan?"* Hij antwoordde luid genoeg zodat iedereen het hoorde, *"Nee. Ik weiger jouw aanbod. Geen blinddoek."*

De officier liep vijftien stappen terug, pakte zijn revolver in zijn hand en begon te schieten op de man. Bij ieder schot, schreeuwde de jonge krijgsgevangene vanuit de top van zijn longen, *"Lang leve de Koningin! Lang leve de Koningin!"*

Duivels over dat de gevangene weigerde te sterven, liep de officier naar de jongeman toe en schoot hem door het hoofd van alleen een centimeter afstand. Dit was John's eerste ervaring van de vijand zijn capaciteit van zulke extreme wreedheid. John was intens boos en verdrietig door waar hij getuige van was geweest. Hij rouwde in stilte om de zinloze dood van zijn vriend. Alhoewel hij in gezelschap was van medegevangenen, heeft hij zich nooit méér alleen gevoeld. Hij was ziek door dit tragische incident. Als er nog enige jeugdige onschuldigheid in hem bestond was het nu voorgoed verdwenen.

Mijn vader herinnert zich hoe overweldigend het was geconfronteerd te worden met de moeilijke realisatie van de verschrikkingen die een mens een ander mens kan aandoen. *"Wat een mens een ander mens kan aandoen - Ik snap het gewoon niet,"* zegt hij altijd. Deze gebeurtenis zal hem achtervolgen voor de rest van zijn leven. Hoe hard hij ook probeerde, hij kon de zinloosheid van dit alles niet doorgronden. Hoe dan ook, hij was trots op zijn vriend dat hij het de officier in ieder geval niet gemakkelijk maakte om hem te doden. John vroeg zich af, of ook dit *zo heeft moeten zijn?* Zo ja, waarom? Hij leerde dat er geen antwoord was. Het antwoord kon alles zijn, wat voor betekenis hij koos om er aan te geven. Misschien gebeurde het om al de andere gevangenen een les te geven over wat er zou gebeuren als ook zij ooit zouden overwegen om een officier te slaan of uit te dagen. Dat was de enige reden waar John aan kon denken. Hij wist nu dat hij nooit een officier zou uitdagen of zou aanraken hoe erg zij hem ook zouden mishandelen, beledigen, boos maken of pijn doen.

Na twee weken in de overbevolkte vrouwengevangenis, werd John overgeplaatst naar een leeg legerkamp in Makassar op vijftien minuten loopafstand. John had kamernummer 16. Er waren meer dan honderd mensen in de kamer en iedereen had een kleine ruimte van alleen drie dertig centimeter tegels. De behandeling was veel beter en het eten verbeterde iets en bestond nu uit rijst, vis en groeten. Met de extra vezels, was John's constipatie niet zo erg meer. De verbeterde behandeling hielp hem om zich wat sterker en hoopvoller te voelen.

John leerde snel dat hoop een kostbaar goed was. Het was niet iets wat je kon kopen, maar iets wat je kon bezitten op elk moment dat je er behoefte aan had. Hij was vastbesloten om te allen tijden aan hoop te blijven vasthouden omdat hij instinctief wist dat je zonder hoop niets zou hebben.

De kleine ruimte welke John bezette was naast een raam dat net groot genoeg was om doorheen te kruipen. Het raam was ongeveer zestig centimeter van de vloer. Net buiten het raam, stonden twee grote palmen vol met mooie kokosnoten. John staarde naar de kokosnoten en droomde hoe zoet de kokosmelk zou zijn als hij het zou proeven op zijn lippen en tong. Daar er geen bewakers bij het raam waren, organiseerde John een paar van de jongemannen om een paar kokosnoten van de bomen te stelen. Op een avond kropen zij allemaal door het raam. Eén van hen klom naar de top van de boom terwijl John en de anderen onderaan wachtten met een deken om de kokosnoten op te vangen voordat ze de grond zouden raken en lawaai zouden maken en daarmee het risico zouden lopen om de aandacht te trekken van de bewakers.

Ze wisten precies hoe ze de kokosnoten zonder geluid moesten openmaken en met een heerlijk gevoel van tevredenheid feestten zij met ieder te consumeren deel van de kokosnoten. John was niet bang. Hij was blij om deel uit te maken van het team wat zijn fantasie en lef deelde om de kokosnoten te veroveren om ze gratis in hun monden en magen te kunnen stoppen. Hij herinnert zich wat een genot het was om ze te eten. John geloofde dat het *zo had moeten zijn* dat ze van de kokosnoten zouden genieten om te weten dat zelfs in de donkerste tijden, je nog steeds momenten van licht en vreugde kan vinden.

Zomaar op een dag, keek John uit het raam en zag ladingen vrachtwagens jonge meisjes in hun schooluniformen arriveren in de kampen. Hij had geen idee wat er aan de hand was. Een krijgsgevangenenkamp was geen plaats voor de jonge schoolmeisjes.

Snel daarna werd John geroepen om compartimenten te bouwen in de nabijgelegen scholen. Hij had geen idee toen hij eraan begon dat hij eigenlijk aan het helpen was om de ruimtes te transformeren in wat later bekend werd als *militaire trooststations*. Dit waren stations waar de Japanse soldaten in de rij stonden om de jonge onschuldige meisjes te verkrachten die gevangen werden gehouden voor het sexuele plezier van de soldaten. Veel van deze meisjes werden opgepikt op hun weg naar school. Deze meisjes werden bekend als de *troostmeisjes* of *troostvrouwen*. Veel van hen kwamen uit bezette landen, inclusief Korea, China en de Filipijnen, alhoewel vrouwen uit Burma, Thailand, Vietnam, Maleisië, Twaiwan (toen een Japans gebiedsdeel), Indonesië (toen

Nederlands Oost-Indië), Oost Timor (toen Portugees Timor) en andere Japans bezette gebieden voor militaire "trooststations" werden gebruikt. Een kleiner aantal vrouwen van Europese origine uit Nederland en Australië waren betrokken.[5]

Ik kan het niet helpen om te denken aan de arme moeders die hun dochters op een ochtend naar school stuurden, onwetend van het lot dat hun wachtte, om hun jonge dochters nooit meer te zien. De meisjes op mijn vader's krijgsgevangenenkamp, waren voor zover hij zich kan herinneren, in de categorie van twaalf tot misschien vijftien jaar oud. Het is moeilijk voor te stellen hoe deze soldaten en officieren plezier ontleenden aan het verkrachten van arme onschuldige meisjes die zich tegen hen verzetten en het uitschreeuwden om hulp. Het is zo wreed en onmenselijk. Maken tijden van oorlog deze gedragingen toelaatbaar terwijl deze in tijden van vrede crimineel worden geacht? Het is moeilijk te begrijpen hoe tijden van oorlog de normen en waarden van iemand voor een ander mens kan veranderen, als dat in feite aan de hand is in dit geval. Het is ook moeilijk te accepteren dat het lot van deze meisjes ook *zo heeft moeten zijn*. Het enige doel wat het diende, naar mijn mening, is om de wereld te laten zien hoe wreed en barbaars mensen naar elkaar toe kunnen zijn. Misschien dat als we er vaak genoeg aan herinnerd worden zullen we op een dag als soort op deze planeet eindelijk gemotiveerd zijn om een betere manier te vinden om met elkaar samen te leven in vrede en harmonie. Zijn we hier nog niet genoeg aan herinnerd?

Een van John's andere taken was om een schoon dun kleed te leggen over een touw dat van de ene naar de andere kant van de kamer hing. De meisjes werden gedwongen om over een touw te lopen na iedere verkrachting zodat ze al het sperma van de vorige soldaat konden afvegen als voorbereiding voor de volgende en de volgende daarna. John zag een meisje over de handdoek lopen en dan de volgende en de volgende, hun gezichten emotieloos, de menselijkheid verdwenen. Het enige wat deze soldaten niet konden afnemen van deze meisjes was hun wil om te leven. Voor diegenen die overleefden, kan ik me alleen de littekens voorstellen die fysiek, mentaal, emotioneel en spiritueel waren achtergelaten.

John herinnert zich dat hij zich zo machteloos voelde. Het deed hem pijn en maakte hem zo intens boos om de meisjes om hulp te horen schreeuwen, *"Tolong, tolong,"* en hij kon niets doen om hen te helpen. Het verlies van vrijheid als een krijgsgevangene gecombineerd met dit overweldigende besef van hulpeloosheid was verwoestend voor John. Hij kon alleen maar hopen dat deze jonge en indrukwekkende meisjes niet zouden opgroeien denkend dat alle mannen hetzelfde waren als deze barbaren. Hij wenste voor hun dat zij zouden overleven en een man zouden vinden die hen zouden liefhebben, koesteren en respecteren op de manier die zij verdienden.

Met zo veel woede en krachteloosheid, zou John alles wat hij kon doen bij elke mogelijkheid om een gevoel van controle en zelfredzaamheid terug te krijgen. Het volgende is een voorbeeld hiervan.

Velen van de gevangenen werden ziek en stierven vaak aan vitamine C tekort. Werkend in het centrum, het puin van de bombardementen opruimend, vond John drie kleine zakjes 'togarashi' in poedervorm. Togarashi is een hele kleine hete rode peper uit Japan welke bekend is omdat het extreem rijk is aan kalium, magnesium, ijzer, vitamine A en vitamine C. Het bevat meer dan de dubbele hoeveelheden die de zoetere pepers als de shishitou bevatten. John dacht dat wanneer hij iets daarvan op zijn rijst zou sprenkelen, het extra vitamine C aan zijn voeding zou toevoegen om te voorkomen dat hij ziek zou worden. Zijn gezondheid en sterkte behouden was een van de manieren waarop hij zijn gevoel van controle en zelfredzaamheid zou houden.

John stopte de kleine plastic zakjes met de poeder van hete rode chilipeper in zijn schoenen om het zijn cel in te smokkelen. Toen hij terugkwam bij de gevangenisingang, passeerde hij de bewaker die hem beval te stoppen voor een inspectie. De bewaker checkte al John zijn zakken en stuurde hem weg. John bleef lopen, lachte in zichzelf met grote voldoening omdat hij de bewaker te slim af was en niet betrapt was.

Net toen hij dacht dat de kust veilig was, na een paar meer stappen, beval de bewaker hem terug te komen en zijn schoenen uit te doen. John had geen andere keuze dan de orders op te volgen. Na gezien te hebben wat zijn Amboneze vriend was overkomen die een bewaker had geslagen, wist hij beter dan ook maar één woord te zeggen. Zijn binnenpretje had snel plaats gemaakt voor het misselijkmakende gevoel van angst. Het zweet brak hem uit, bang voor de straf die de bewaker zou geven.

De bewaker draaide de schoenen ondersteboven. De zakjes togarashi vielen op de grond. John durfde niet op te kijken en de bewaker aan te kijken. Hij wist dat hij erbij was en dat er niets aan te doen was. Er was geen mogelijkheid zich te verstoppen. John was terecht doodsbang wetend dat hij streng gestraft zou worden voor deze overtreding.

Als straf dwong de bewaker John om de inhoud van alle drie de zakjes van de hete rode chilipeper door te slikken zonder iets te drinken. Hij duwde het hard met zijn vingers door John's keel. John kon nauwelijks ademen en smeekte de bewaker te stoppen maar de bewaker had te veel lol John te zien lijden. Hij hield niet op voordat het laatste beetje chilipeper door de brandende mond en keel was. John was een aantal weken ernstig ziek. De hete peper verbrandde het slijmvlies van zijn slokdarm zo erg dat het blijvende schade en gezondheidsproblemen veroorzaakte voor de rest van zijn leven. Als ook dit, *zo heeft moeten zijn,* dan moet daar ook een reden voor zijn geweest.

Laten we wel wezen, tot dit moment had John weg kunnen komen met het succesvol stelen van de biefstuk uit de braadpan en de kokosnoten uit de bomen. Het gaf hem zo'n gevoel van voldoening en onoverwinnelijkheid dat hij niet aarzelde om risico te lopen en de rode chilipeperpoeder te smokkelen gezien zijn successen. Misschien was wat er gebeurde in dit geval om John een les te leren dat wanneer je risico's neemt in het leven en er mee probeert weg te komen, dat je er soms mee weg komt en dat je andere keren gepakt wordt. Dit zou bedoeld kunnen zijn als John's realiteitscheck dat hij niet zo onoverwinnelijk is. De vraag die John zichzelf leerde te stellen was of hij na overweging van de mogelijke consequenties de keuze in actie die hij zou maken, hij nog steeds het risico wilde nemen. Is het het waard?

Hoofdstuk 4

Gevangene in Nagasaki

In oktober 1942, werden John en honderden andere krijgsgevangenen meegenomen naar de haven van Makassar en op een vrachtschip met de naam *Asamah Maruh* gezet op weg naar Japan. De reis duurde tien dagen en was als "leven in hel" zei hij. De gevangenen zaten propvol in het donker van de vrachtruimte op de bodem van het schip. Er waren geen toiletten en de warmte was ondraaglijk. De patrijspoorten bleven gesloten tijdens de hele reis en het wassen van jezelf was niet toegestaan. *"Velen van ons werden erg zeeziek en waren constant aan het overgeven in de hele ruimte. Er was niet veel ruimte en geen luchtventilatie"*, herinnert John zich. Ze kregen met name rijst te eten met weinig van iets anders.

Bij aankomst in de haven in Nagasaki op 23 oktober 1942, kreeg John voor het eerst te maken met een koude winterwind en een temperatuur van min 10 graden Celsius of 14 graden Fahrenheit. Ongewend aan zulke koude en barre weersomstandigheden, werden velen van de gevangenen ziek met verkoudheden en longontstekingen. John ontweek ziekte door een creatieve manier te vinden om warm te blijven, wat voor hem zijn manier was van een stuk controle over zijn omstandigheden.

Dit is wat er gebeurde.

Toen hij het schip verliet, merkte John een stapel van lege cementzakken op langs het wandelpad. Hij pakte een paar van de zakken, scheurde gaten erin met zijn vingers, stopte zijn hoofd en armen door de gaten en deed ze gelaagd over elkaar over zijn jas om de kou buiten te houden. Ik bewonder het hoe vindingrijk hij was om zoiets slims te bedenken en te doen. Hij had geen controle over het weer. Waar hij wel controle over had was zijn verbeelding en zijn capaciteit om hiernaar te handelen. Toen hij de cementzakken zag die de anderen passeerden, zag hij direct een mogelijkheid. Hij visualiseerde zichzelf de zakken dragend als bescherming tegen de kou. Hij wist dat hij snel moest handelen omdat hij niet alle tijd had. Hij zag anderen overlijden door de kou terwijl hij er in slaagde om te overleven, alweer. Het was door wonder en kunnen dat *het zo heeft moeten zijn.*

John en de overgebleven krijgsgevangenen marcheerden naar het bekende Fukuoka II, een houten kamp met een bewakingshuis en een hoge prikkeldraadomheining eromheen. Opnieuw werd er tegen hen geschreeuwd, werden ze gestompt en opgezweept, geteld en opnieuw geteld en daarna gezocht. Alles wat scherp was, werd weggehaald. Het kamp was gebouwd in een U-vorm met achttien kamers aan iedere kant en in het aangesloten ronde gedeelte waren de wasruimtes en keuken. Er waren maximaal tweeënvijftig krijgsgevangenen in iedere kamer. Er waren stapelbedden aan iedere kant van de ruimte, twee rijen van dertien. John zat in kamer 14. Hem was een identificatienummer gegeven, geprint op een kledingband dat hij gedwongen werd om op al zijn kledingstukken te naaien: het was N 620.[6]

Na een paar dagen van rust, brak er dysenterie uit onder de gevangenen. Veel van de geïnfecteerden raakten snel gedehydrateerd. Aan hen werden opiumdruppels gegeven om de diarree te stoppen. Helaas redden zij het niet op tijd om bij de toiletten te komen omdat de wachtrijen iedere dag langer en langer werden.

Tragisch dat er velen tijdens de eerste periode in dit kamp overleden. John was extreem dankbaar voor het ontkomen aan de eerste ronde van de dysenterie.

John's eerste baan in Japan was die van een slavenarbeider in de scheepswerven. Toen het tijd was om zich te melden voor werkdienst, kwam John erachter dat ze behoefte hadden aan boorders, schoonmakers en lassers. John koos ervoor om een schoonmaker te zijn wat betekende dat hij voor grote stapels van verzamelde vuilnis vanaf de schepen die gebouwd werden moest zitten en alle moeren en bouten en andere metalen voorwerpen moest terugvinden zodat deze schoongemaakt en hergebruikt kon worden.

Er was weinig supervisie doordat de bewakers op behoorlijke afstand gestationeerd waren. Er was alleen een werfvoorman aan de leiding. Het koude weer maakte het werk heel moeilijk, al helemaal zonder handschoenen. Als gevolg daarvan was zwollen John's vingers ernstig op. Het lawaai van het werken op de scheepswerven was ondraaglijk en John maakte zich zorgen om zijn gehoor te verliezen. Daardoor was hij wanhopig om verlichting te krijgen van het constante lawaai wat hem omringde, maar hij wist niet wat te doen. Op dat moment zag hij wat kranten dichtbij hem liggen. Toen niemand keek, greep hij een krant en scheurde hij twee kleine stukjes eraf. Hij stopte deze in zijn mond om nat te maken en stopte deze natte stukjes krantenpapier in elk van zijn oren voor wat verlichting. Met de natte kranten die als oordopjes dienden, slaagde John erin om genoeg van het lawaai buiten te sluiten om het een klein beetje meer draaglijk te maken. Ik geloof echt dat deze manier van verbeelding en vindingrijkheid sleutels waren voor zijn ultieme overleving en welbevinden. Zoals hij jou zou vertellen, de kranten lagen daar voor een reden. *Het was zo bedoeld* dat hij ze zou vinden en zou bedenken om ze in zijn oren te stoppen om zo zijn gehoor te beschermen.

Op een bitterkoude middag, kropen John en een vriend onder één van de schepen om zich op te warmen bij het vuur wat gebruikt werd om de klinken op te warmen. Ze waren van plan om voor heel even te ontsnappen aan de kou, maar dat korte moment was al te veel. De bewaker kwam onverwachts voorbij en betrapte hen op het schuilhouden. Hij was woedend dat zij niet aan het werk waren. Hij riep hen onder het schip vandaan en beval hen in een 'push-up' positie op de grond. John en zijn vriend namen hun posities in. De bewaker waarschuwde hen duidelijk dat wanneer hij hun lichamen het minste of geringste zag zakken, hij hun zo'n harde aframmeling zou geven die zij nooit zouden vergeten. Om de inzet nog meer te verhogen, zette de bewaker een klein vuur aan onder hun buiken. Als John's lichaam zakte, zou hij verbrand raken door het vuur. John deed er alles aan om zijn 'push up' positie vast te houden zonder te zakken, maar zodra zijn kracht minder werd begon hij te zakken. De bewaker sloeg hem herhaaldelijk op zijn rug en achterste met de kolf van zijn geweer, geen genade kennend. John hoorde de bewaker lachen bij elke klap die hij gaf. John kon een week lang nauwelijks zitten door de pijnlijke blauwe plekken op de achterkant van zijn lichaam die van zwart en blauw naar paars en grijs veranderden. Hij moest naar de ziekenboeg om zijn buik te laten behandelen voor de brandwonden die hij ook had opgelopen. Zijn buikspieren deden een week lang pijn. Ik herinner hem zeggen: *"Ik zou willen dat ik het geluid van het lachen van de bewaker uit mijn herinnering kon blokken"*. Ondertussen was John al meerdere keren fysiek mishandeld. Toch gaf hij nooit zijn wil om te leven op en besloot om vol te houden en door te gaan. Hij had iedere reden om zijn hoop op te geven, maar in plaats daarvan bleef hij bij elke marteling en afranseling sterk en bleef hij vertrouwen houden dat de oorlog snel voorbij zou zijn en hij er sowieso levend uit zou komen.

Na het constante lijden door de kou, was John jaloers op de klinkenmakers die kleine koolkachels gebruikten om de klinken te verwarmen voordat ze geïnstalleerd werden op de stalen platen van de schepen. De warmte van de kachels hielpen hen warm te blijven. Hij wist dat hij voordat het weer nog kouder zou worden, een manier moest vinden om warm en gezond te blijven om te kunnen overleven. Het risico van ziek worden was te hoog, daar John wist dat gevangenen die ziek werden alleen een halve portie eten kregen. John kon zich niet veroorloven meer gewicht te verliezen. Hij besloot dat zodra er meer lassers nodig waren, hij zich vrijwillig aan zou melden. Het was een geluk, of wellicht *had het zo moeten zijn* dat hij voor de oorlog op een technische school had leren lassen. Alles wat hij wilde was een pak krijgen om warm te blijven, wat inhield een canvas jas en broek met een lashelm en masker.

Toen ze eindelijk op zoek waren naar vrijwilligers, stapte John naar voren en kreeg hij de opdracht om een testexemplaar te maken om zijn vaardigheden te bewijzen. Doordat John al lang niet gelast had sinds school en er dus al een tijd uit was, wilde hij geen risico's lopen om de baan niet te krijgen. Omdat dit te belangrijk was en er geen ruimte voor vergissing was, wist hij dat hij een manier moest vinden om de inspecteur voor de gek te houden. Starend naar de vloer zag, John twee stukken metaal liggen die al perfect samen waren gelast. Net voordat de voorman voor inspectie kwam verwarmde John snel het gelaste stuk met een acetyleengasbrander zodat het er uitzag of dat het zojuist gelast was. De voorman was zeer onder de indruk over de kwaliteit van John's werk en de volgende dag ontving John zijn las outfit dat hem zou helpen warm te blijven. Missie volbracht. Nog een keer was het een wonder dat hij het gelaste stuk op precies het juiste moment vond en hij de verbeelding had om het te gebruiken om de inspecteur voor de gek te houden. Het was een ander voorbeeld van *dat het zo moest zijn.*

Toen het weer kouder werd, was John blij om zijn canvas outfit te hebben om warm te blijven en verhoogde zijn kans op overleving. Als het hem maar zou lukken om gezond te blijven, zou hij een stap dichterbij zijn om er levend uit te komen.

John werkte in de sneeuw in de winterkou schoenen dragend die drie maten te groot waren. Helaas hadden ze geen maten voor de kortere mannen zoals John omdat alle Amerikanen, Nederlanders en andere gevangenen veel langer waren met grotere maat voeten. Wat eerst een probleem leek, bleek een zegen in vermomming te zijn. Dit is wat er gebeurde.

John had een manier nodig om zijn schoenen niet van zijn voeten te laten vallen tijdens het lopen. Zijn verbeelding nog een keer gebruikend, kreeg hij het idee om het voorste gedeelte van zijn schoenen op te vullen met stro zodat zijn hielen op hun plaats zouden blijven en niet de hele tijd uit zijn schoenen slipten. Op een dag, toen een kraan de zware metalen platen met grote kabels vanaf de boot aan het verplaatsen was, schoot één kabel los. Zonder waarschuwing, viel de grote metalen plaat naar beneden en in een flits landde het precies op de tenen van John's rechtervoet, precies waar hij het opgevuld had met de stro in zijn schoenen. Als hij geen stro in zijn schoenen had gehad, zouden zijn tenen direct zijn afgescheiden, en als de zware metalen plaat een paar centimeters naar rechts was gevallen, zou het geland zijn op zijn hoofd waardoor het hem direct gedood had. John keek naar beneden, schoof zijn voet uit de schoen en liep ongedeerd weg. Hij keek naar boven naar God, of hoe je de kracht die hem beschermde ook wilt noemen, in dankbaarheid voor nog een wonder dat zijn leven spaarde. *Het had zo moeten zijn.*

Een andere dag stond John over de rand van het schip te kijken. Het omringende lawaai was zo luid door de klinken dat hij niets kon horen. Zonder dat John het in de gaten had, verschoof een tegengewicht dat vastzat aan een kabel en slingerde het gewicht naar beneden richting hem. Iedereen begon in paniek naar hem te schreeuwen om hem weg te krijgen maar hij hoorde niets door al het lawaai. John was onbewust van het dreigende gevaar. Toen het gewicht naar beneden kwam, raakte het de zijkant van John's hoed/muts/helm. Precies op dat moment, was de kraanmachinist in staat om de kabel en de val van het gewicht te stoppen voordat het de uitgestrekte hand van John kon verbrijzelen. Stom verbaasd en verwonderd, keek iedereen naar John die eenvoudig het gewicht met zijn hand opzij duwde en zijn hoed/muts/helm goed deed. Wanneer hij een paar centimeters meer naar rechts had gestaan zou het op zijn hoofd beland zijn en had het hem gedood. Had het een miljoenste van een seconde langer geduurd, was John zijn hand verloren. Al zijn vrienden lachten van opluchting. John was in shock en ongeloof. Toen hij zich realiseerde hoe hij nauwelijks ontsnapt was aan de dood en verwondingen, keek hij op naar boven naar God met dankbaarheid voor het sparen van zijn hand en nog een keer voor zijn leven. Na zoveel keren in bijzondere situaties gespaard te zijn, wist John wel beter dat het meer was dan gewoon geluk hebben of dat het toeval zou zijn geweest. Hij wist in zijn hart dat het een van de wonderen was *dat zo had moeten zijn.*

John was het gelukt om de uitbraken van dysenterie voor lange tijd te ontlopen, maar in begin 1943 was het eindelijk zijn beurt. Hij verloor veel gewicht en herinnert zich dat hij zo dun was dat hij zijn ribben kon tellen. De dokter gaf hem opiumdruppels om de diarree te stoppen. Hij was heel dankbaar dat hij het overleefde terwijl er zo veel anderen aan deze verschrikkelijke ziekte overleden.

Ik heb veel foto's gezien van oorlogskrijgsgevangenen in de Japanse gevangenkampen die er vel over been uitzagen. Zij waren broodmager door uithongering en ziekte. Mijn vader alleen maar kennend in tijden van gezondheid en met iets overgewicht, kan ik mij hem moeilijk zo ernstig ziek en ondervoed voorstellen. Ik ben zo dankbaar voor welke kracht dan ook die hem er doorheen getrokken heeft, inclusief de wonderen van zijn eigen wil en kunnen.

John herinnert zich hoe hij en zijn maten iedere tien dagen in een bad gingen in een cementen bad van 3,5 x 4,5 meter. Het idee was om als eerste daar te zijn en zich zo snel mogelijk te wassen. Zelfs als het water kokend heet was, was het alleen schoon voor de eerste groepen in de rij die georganiseerd waren op kamernummer. Tegen de tijd dat de laatste kamer aan de beurt was, was het water zwart. Om het eerlijk te verdelen roteerden de bewakers het schema zodat iedere keer een andere kamer het eerst aan de beurt was. Tijdens die momenten waarbij iedereen naakt in de rij stond en wachtte op hun beurt, herinnert John zich dat hij van iedereen de ribben en botten zag uitsteken en alle beten van bedwantsen en luizen zag die zwellingen veroorzaakten en littekens op hun lichamen achterlieten. Desalniettemin was John dankbaar dat hij zich in ieder geval eens per tien dagen schoon voelde.

Die winter was erg zwaar voor John. De dagen waren kort en hij vroeg zich af hoe lang zijn gevangenschap nog zou duren. Hij begon te twijfelen hoe veel langer hij het nog kon volhouden nu hij zo veel gewicht had verloren en zijn gezondheid zo was verslechterd door de dysenterie en de ondervoeding. Soms kon hij het niet helpen om zich down te voelen. Tijdens die donkere momenten van wanhoop, zocht hij liever zijn vrienden op dan dat hij zichzelf isoleerde. Zij zaten dan bij elkaar in een groep en praatten dan over wilskracht en vertrouwen in God, gelovend dat God voor alles zou zorgen. Hij herinnert zich hoe zij elkaar ondersteunden, verhalen deelden over hun leven voor de oorlog, wat de toekomst zou brengen en over hun plannen voor wanneer zij hun vrijheid herwonnen.[6]

Ik denk oprecht dat de ondersteuning die deze jonge mannen elkaar gaven, van onschatbare waarde was voor hen om vast te kunnen houden aan hoop en om te kunnen gaan met hun lijden. Wat mij verbaast is dat ondanks hun verschillen in religieuze overtuigingen, mijn vader was Joods en de anderen waren Christen, Katholiek en Moslim, zij allemaal hetzelfde vertrouwen in God deelden, dat zij hoe dan ook door hun tijd van gevangenschap zouden komen en op een dag weer in vrijheid zouden leven. Zij konden goed met elkaar opschieten en er was geen haat naar elkaar toe vanwege hun verschillen in religieuze opvattingen.

Hoofdstuk 5

Sonja in Kamp Vught

Terwijl John in de kampen in Makassar en Nagasaki lijdt, was Sonja aan de slavenarbeid gezet bij het industriële onderdeel van het bedrijf Philips op Kamp Vught. Philips had ongeveer twaalfhonderd Joodse en niet-Joodse gevangenen in dienst om radio-onderdelen en fakkels te maken. Deze groep gevangenen stonden bekend als het "Philips Commando" of de "Philips Groep" zoals mijn moeder het noemde. Voor de gevangenen van Vught betekende een baan bij Philips uitgestelde deportatie.

Sonja realiseerde zich destijds niet volledig hoe het geselecteerd worden voor slavenarbeid in het Philips Commando haar zou helpen om haar leven te sparen. Mijn moeder praatte niet veel over haar tijd in de concentratiekampen, maar er zijn een paar opmerkelijke verhalen die zij deelde. Hier volgt een verhaal over haar tijd met de Philips Groep die ik mij altijd zal herinneren. Het is een sterk voorbeeld van hoe wreed de Nazi instelling was en van de moed die mijn moeder liet zien in het licht van hun kwaad. Dit is wat er gebeurde.

Op een dag, terwijl zij werkte aan de radioproductielijn, begon een Nazi in het bijzijn van iedereen heel hard tegen mijn moeder te schreeuwen en haar te beschuldigen van het saboteren van één van de radio's. Wetend dat zij dat niet had gedaan en nooit zoiets zou doen, stond mijn moeder recht voor de Nazi op en riep onbevreesd dat zij onschuldig was. Vastbesloten haar zo bang te maken dat zij de misdaad zou bekennen, richtte de Nazi zijn geweer een paar cm van haar gezicht af, en met een dreigende blik in zijn ogen schreeuwde hij tegen haar: *"Ik weet dat je het gedaan hebt, dus geef dat maar toe aan mij dat je het gedaan hebt. Anders schiet ik je hier nu dood voor de ogen van iedereen."* Iedereen stopte met wat men aan het doen was om te kijken en te luisteren naar wat er ging gebeuren. Ze herinnert zich dat haar zussen vertelden hoe het angstzweet hen uitbrak, doodsbang dat Sonja voor hun ogen zou worden doodgeschoten.

Weigerend om toe te geven, bleef Sonja vastbesloten staan. Met het geweer nog steeds een paar centimeters van haar gezicht, herhaalde zij met vuur in haar ogen en haar hoofd opgeheven: *"Ik heb het niet gedaan. Als u mij wilt neerschieten, schiet mij dan neer, maar ik zal u weer vertellen dat ik het niet was. Ik heb het niet gedaan."*

De Nazi deed alles wat hij kon doen om Sonja haar schuld te laten bekennen, maar hoe hard hij ook schreeuwde en hoe dicht hij het geweer bij haar gezicht hield, ze weigerde om te bekennen. "Hij zou mij niet krijgen", vertelde zij mij.

Uiteindelijk draaide de Nazi zich snel om met het geweer en schoot het meisje neer van wie hij aldoor had geweten dat zij de radio gesaboteerd had. Hij schoot haar van dichtbij door het hoofd. Zij viel op de grond en was onmiddellijk dood. Lachend draaide hij zich om naar Sonja en zei: "Ik wilde alleen maar zien hoe ver ik bij jou kon gaan." Voor hem was het allemaal een spel. Hij had gewoon plezier.

In shock, met haar voeten als vastgevroren aan de grond, wist Sonja dat ze de Nazi maar beter niet kon laten zien hoe veel zij van binnen beefde van de hele beproeving. Nadat alles gezegd en gedaan was, gebaarde de Nazi Sonja en de anderen om weer terug aan het werk te gaan. Alles ging door alsof er niets gebeurd was.

Als ik terugkijk naar dit verhaal, verbaast het mij hoeveel kracht en lef het vergde van mijn moeder, nog een tiener in die tijd, om op te staan tegen deze slechte Nazi. Als zij haar angst had laten zien, of hem haar zover had gekregen om toe te geven, dacht ze met heel haar hart dat hij haar had doodgeschoten. Hij had ervoor kunnen kiezen om haar gewoon voor de lol neer te schieten, maar hij liet haar leven. Alweer was haar leven gespaard. Was het gewoon geluk, of *had het zo moeten zijn*? Ik kies ervoor om te geloven dat *het zo heeft moeten zijn* en dat het een ongelooflijk voorbeeld is van de krachtige combinatie van God's wonderen en haar eigen kracht om op te staan tegen de Nazi.

Op een vrijdagavond, besloot Sonja om de Shabbat kaarsen aan te steken en daarbij gebeden te zingen. Ik weet niet zeker hoe zij de kaarsen aanstak. Ik las op het Internet van een ander verhaal waarbij een meisje twee kleine kaarsen maakte van de margarine die zij spaarde en niet op at, en nam een paar draden van de onderkant van haar jurk die zij aanstak.[8] Misschien deed mijn moeder hetzelfde of iets vergelijkbaars. Hoe zij ook de kaarsen aandeed, het feit dat zij de gebeden luid voor iedereen te horen zong, betekent meer dan wat dan ook. Het was een heel dappere actie.. Iedereen was eerst nerveus en smeekte haar het niet te doen uit angst dat zij gestraft of gedood zou worden. Ze weigerde te stoppen. Ze herinnerde zich hoe het zingen van de gebeden met haar hele hart en ziel haar geest verlichtte en haar kracht gaf terwijl zij snel een paar momenten van vergeving, hoop en licht bracht aan de anderen waar zo veel donkerte dreigde.

Door een raam was te zien dat een Nazi bewaker de hele tijd luisterde. Zijn waardering van zo'n mooie stem overnam zijn haat en zijn werkplicht voor die korte tijd. Toen zij klaar was met zingen, kwam hij binnen en zei tegen haar: *"Je hebt geluk dat je zo'n mooie stem hebt anders had ik je moeten ombrengen."*

Nog een keer, verbaast het mij weer dat mijn moeder de lef had om zoiets te doen. Voor haar was vrijdagavond heilig. Toen ik opgroeide, stak mijn moeder altijd de Shabbat kaarsen aan, geen uitzondering. Mijn vader sprak de zegeningen uit over de vers gebakken Challah broden en glas met zoete kosher wijn. Het was traditie. Mijn moeder koesterde die speciale momenten die nu ook voor mij als speciale herinneringen dienen. Mijn moeder volgde de tradities omdat het gewoonweg een deel was van wie zij was. Het niet ineenkrimpen voor de Nazi die haar van sabotage beschuldigde en haar dappere zingen van de Shabbat gebeden, maken wel duidelijk dat mijn moeder niet bang was om dood te gaan. Mijn overtuiging is dat zij liever was doodgegaan dan niet haar ware zelf te kunnen eren en te doen wat zij vanuit haar hart vond dat goed was. Het is niet mogelijk voor mij dan iets anders dan het grootste respect te hebben voor haar kracht en dapperheid.

Hoofdstuk 6

Het leven in Auschwitz

Op 7 juni 1943 werden mijn moeder en haar zussen uit hun barak meegenomen en in een overvolle veewagen gepropt. Ze wisten niet dat de trein richting het impopulaire Auschwitz concentratie- en dodenkamp ging. Zij herinnert zich zo veel mannen, vrouwen en kinderen zo op elkaar gepropt dat ze nauwelijks kon ademen of bewegen. Ze was wanhopig dorstig, hongerig en zo bang dat je dat niet eens kunt benoemen. De barak waar ze in leefde in Vught was haar nieuwe thuis geworden. Alhoewel de omstandigheden armoedig waren, wist ze wel wat ze kon verwachten. Nu werd ze nog een keer gedwongen om het onbekende het hoofd te bieden.

Het ongemak, de honger, de dorst en het gevoel van verstikking door het gebrek aan frisse lucht waren onvoorstelbaar. Volwassenen en ook kinderen hadden geen andere keuze dan staand hun behoeften te doen. De hierdoor ontstane stank moet ondraaglijk zijn geweest.

Na het overleven van zo'n ellendige treinreis, kwamen ze eindelijk aan in Auschwitz. Gebouwd door de Nazi's, zowel als concentratie- en dodenkamp, was Auschwitz het grootste en meeste beruchte van de Nazikampen en het meest gestroomlijnde massadodingscentrum dat ooit gecreëerd was. Het was in Auschwitz waar 1.1 miljoen mensen, hoofdzakelijk Joden, zijn gedood. Auschwitz is het symbool van de dood, de Holocaust en de vernietiging van Europese Joden geworden.[9]

De levensomstandigheden waren barbaars, en velen van degenen die niet doodgingen door de gaskamers, overleden door uithongering, dwangarbeid, infectieziekten, individuele executies en medische proeven.[10]

Ze werd gedwongen om al haar bezittingen in de trein achter te laten en om zich met de anderen te verzamelen bij het treinstation op de plek die bekend stond als "de helling". Een SS-officier bepaalde bij ieder individu om in één van de twee rijen te gaan staan: één voor wie gedood zou worden en de ander voor dwangarbeid.[11]

Sonja werd nog een keer gespaard van de dodenrij en werd naar rechts gestuurd voor de zware arbeid in Auschwitz II (Birkenau). Auschwitz II (of "Birkenau") was gereed gekomen in begin 1942. Birkenau lag ongeveer 1.9 mijl (3 km) van Auschwitz I en was het echte dodingscentrum van het Auschwitz dodingskamp. Het was in Birkenau waar de vreselijke selecties op de helling werden uitgevoerd en waar de geraffineerde en de verbloemde gaskamers klaar stonden. Birkenau, welke veel groter was dan Auschwitz I, huisvestte de meeste gevangenen en had aparte gebieden voor vrouwen en Zigeuners.[12]

Sonja was direct in de rij gezet voor het onmenselijke proces wat bedacht was om alle resten van menselijke waardigheid of persoonlijke identiteit te verwijderen. Eerst werd zij ontdaan van haar kleding en haar resterende persoonlijke bezittingen. Daarna werd haar haar geschoren totdat ze helemaal kaal was. Ze herinnert zich dat ze haar haar hopeloos op de grond zag vallen, net zoals haar moeder Sonja's haar schoor als zij last van luizen had. Haar werd een gestreept gevangenisuniform gegeven met een paar schoenen in de verkeerde maat. De laatste ontmenselijkende stap was geregistreerd en getatoeëerd te worden met een nummer op haar linkerarm, net als het brandmerken van een koe. Sonja had al haar vrijheid, haar bezittingen, haar thuis, haar familie verloren en nu zou zij haar naam en identiteit ook verliezen. Ze zou bekend zijn als nummer 78491, de ultieme ontmenselijking.

Desalniettemin kan ik mijzelf herinneren dat mijn moeder mij vertelde hoe zij toen al tegen zichzelf begon te zeggen: *"Ze kunnen doen wat ze doen tegen mij, maar zij zullen mij niet krijgen. Zij zullen nooit mijn ziel krijgen."* Zij was vastbesloten om haar wil om te leven nooit te verliezen.

's Morgens verzamelden Sonja en alle andere gevangenen zich buiten voor appèl waar iedereen werd geteld. Ze begreep niet wat er gebeurde en volgde de orders maar, zich machteloos en bang voelend door de onaardige tonen van de Nazi's gemene stemmen.

Plotseling merkte Sonja een moeder en haar identieke tweelingdochters op die naast elkaar stonden. De officier greep de tweeling en haalde hen weg van hun moeder. Sonja was doodsbang. Ze was overweldigd door intense compassie voor de arme moeder die schreeuwde en huilde in angst om haar kleine meisjes los te laten. Voorzichtig om geen ongewenste aandacht te trekken, durfde Sonja geen woord te zeggen of haar ware emoties te tonen. Ze vocht hard om haar gezicht expressieloos te houden en geen tranen te laten stromen.

Sonja zag de officier de moeder in het hoofd schieten toen zij hem wilde stoppen haar kostbare kleine meisjes af te pakken. Later hoorde zij dat de tweeling mee was genomen naar het experimentele blok waar Dr. Josef Mengele, met de bijnaam De Engel van de Dood, en de andere Nazi doktoren van de dodenkampen mannen, vrouwen en kinderen martelden en verschrikkelijk medische experimenten uitvoerden en daar tweelingen voor gebruikten.

Deze tweelingen, meestal rond de leeftijd van vijf jaar, werden doorgaans vermoord na afloop van het experiment en op hun lichamen werd sectie verricht. Mengele injecteerde chemische stoffen in de ogen van de kinderen om te proberen hun kleur ogen te veranderen. Hij voerde transfusies uit van tweeling naar tweeling, naaide tweelingen vast aan elkaar, castreerde en steriliseerde tweelingen. Bij veel tweelingen werden ledematen en organen verwijderd in

macabere chirurgische procedures, uitgevoerd zonder enige verdoving.[13] Sonja was diep getraumatiseerd door hetgeen waar ze getuige van was geweest. Zij voelde zich zo hulpeloos en machteloos op dezelfde manier als dat John zich zou hebben moeten gevoeld toen hij de onschuldige troostmeisjes om hulp hoorden schreeuwen en niet in de mogelijkheid was om iets voor hen te kunnen doen.

Na appèl, marcheerden Sonja en een groep met andere gevangenen naar de spoorweg waar ze twaalfurige dagen werkte aan het bouwen van de spoorwegen. Zij ontwikkelde veel pijn in haar rug door de rugbrekende dagen van zware fysieke arbeid welke haar de rest van haar leven zou achtervolgen.

De maaltijdmomenten in het kamp waren de meest belangrijke gebeurtenissen van iedere dag. Na appèl kregen de gevangenen hun 'ontbijt': imitatie koffie of kruiden'thee'. Als lunch kregen de gevangenen een liter waterige soep. Als ze geluk hadden, vonden ze misschien een stuk knolraap of aardappelschil erin.[14] Ik weet dat mijn moeder geen aardappelschil meer kon zien want ik kan haar nog steeds horen zeggen: *"Aardappelschillen zullen we nooit in dit huis eten. Ik heb genoeg aardappelschillen voor mijn leven gegeten en wil er nooit meer één zien."* 's Avonds kregen de gevangen een stuk zwart brood dat 300 gram woog, met een klein stukje worst of margarine en marmelade of kaas. Omdat ze met het brood het tot de ochtend moesten doen, probeerden ze het 'op hun lichaam' te verstoppen tijdens het slapen.

Het gebrek aan voeding, voedingsstoffen en de zware arbeid zorgden ervoor dat de gevangenen leden aan uithongering. Zij verloren gewicht en spiermassa, duizenden overleden. Anderen waren te zwak geworden en werden daarna vermoord in de gaskamers.

De verschrikkelijke omstandigheden in het kamp verergerden door het feit dat Auschwitz-Birkenau gebouwd was op een moeras. De barakken waren vaak vochtig. Luizen en ratten zag je overal. Het veroorzaakte vaak epidemieën en besmettelijke ziekten.[15]

Sonja wist dat ze sterk moest blijven om de ontberingen te kunnen weerstaan. Naast de vreselijke levensomstandigheden, de epidemieën en besmettelijke ziekten die er toe leidden dat mensen dood gingen waren er nog andere redenen die hieraan debet waren zoals de vervuiling door stro en de matrassen van stro bij gevangenen die aan diarree leden. Dit maakte de moeilijke levensomstandigheden nog slechter. Meer dan 700 mensen waren toegewezen aan ieder barak, alhoewel in de praktijk de aantallen hoger waren. Deze barakken werden niet goed verwarmd. Een constant gebrek aan waswater en het gebrek aan bruikbaar sanitair, verergerden de situaties.[16]

Het is onvoorstelbaar voor mij hoe mijn moeder, of ieder ander, in staat was om de verschrikkelijke levensomstandigheden en epidemieën te overleven. Ik denk echt dat wat hen er doorheen trok hun persoonlijke kracht en doorzettingsvermogen was gecombineerd met God's genade en wonderen. Het *heeft* zeker *zo moeten zijn* dat mijn moeder de kracht in lichaam en geest had om door te kunnen gaan ondanks al haar lijden.

Na uren van harde fysieke arbeid, marcheerden Sonja en de andere gevangenen terug naar het kamp voor nog een appèl. Sonja zag de mensen neervallen, sommigen dood, door uitputting en uithongering. Ze zag anderen doodgeschoten worden als zij betrapt werden om even op adem te komen. Ze probeerde niet te kijken omdat ze wist dat ze sterk moest blijven en gewoon moest blijven werken wat er ook gebeurde. Ze bleef werken en duwde zichzelf naar haar grenzen ondanks de pijn, uitputting, honger en dorst. Met vastbeslotenheid en voldoening mompelde Sonja continu de mantra die haar liet volhouden, *"Hitler zal mij nooit krijgen. Hitler zal mij nooit krijgen."*

Op een morgen tijdens het verzamelen buiten met de andere gevangenen voor het dagelijks appèl om geteld te worden, zag Sonja een nieuwe moeder met identieke tweelingdochters die waarschijnlijk vijf à zes jaar oud waren. Zoals verwacht stonden de meisjes dicht bij hun moeder. Sonja herinnerde zich direct wat er de tweeling de laatste keer gebeurde en was vastbesloten om te doen wat zij kon om dit niet weer te laten gebeuren. Ze kon het niet verdragen.

Met stalen zenuwen, terwijl de SS-officier aan de andere kant van de rij met zijn rug naar haar toe stond, waarschuwde Sonja de moeder om de meisjes apart van elkaar te zetten. In een wanhopige fluistering, smeekte zij de moeder om haar dochters ver weg van elkaar te laten staan zodat de officier hen niet als tweeling opmerkte. Sonja vertelde de moeder hoe verschrikkelijke dingen haar dochters zouden worden aangedaan en dat zij zelfs gedood zouden worden als ze niet direct naar haar luisterden. De moeder, in ongeloof, verzette zich automatisch tegen Sonja's gesmeek. Hoe kon een moeder haar meisjes van zichzelf en elkaar scheiden? Zij weigerde maatregelen te nemen.

Bang voor het verschrikkelijke lot van de kleine meisjes, greep Sonja een van hen en plaatste haar in de achterste rij ver genoeg van de identieke zus in de hoop dat de SS-officier het niet zou opmerken. Ze vertelde het meisje om geen geluid te maken en bad dat het meisje, haar moeder en zuster stil zouden blijven. Sonja haastte zich terug naar haar plek, net op tijd zonder dat de officier het merkte. Iedereen keek en wist wat zij aan het doen was, maar gelukkig reageerde niemand of zei iemand iets. De officier zag niets. Tijdens de eerste veilige gelegenheid keken Sonja en de moeder elkaar in opluchting en dankbaarheid aan. De moeder zou zich voor eeuwig verschuldigd voelen naar Sonja voor het dapper redden van haar kleine meisjes.

Waar haalde mijn moeder het lef vandaan om zoiets te doen? Als mijn moeder niet precies had gedaan wat zij deed, zou die tweeling naar alle waarschijnlijkheid onvoorstelbaar pijn hebben geleden en dood zijn gegaan. Als ik mijn moeder hiernaar vroeg, zei ze: *"Ik herinner mij niet dat ik mij afvroeg of ik het wel of niet moest doen. Het was een keuze die ik moest maken, iets wat ik moest doen."* De eerste keer dat het gebeurde en zij de tweeling weggehaald zag worden van hun moeder, wist ze niet wat er gebeurde en was zij daardoor niet in staat te helpen. Deze keer was anders. Ze wist nu wat hun lot waarschijnlijk zou zijn en zij zou waarschijnlijk liever gestorven zijn dan dit weer te laten gebeuren terwijl zij wist dat ze de kracht had om hen te redden. Zelfgenoegzaamheid was geen uitvoerbare optie voor haar deze keer, daar zij een mogelijkheid zag om te handelen en zij die kans eenvoudig pakte. Nog een keer had mijn moeder een engel die over haar waakte. Het *had zo moeten zijn* dat zij het lef had om zo'n dappere daad uit te voeren en een wonder dat de SS-officier haar niet betrapte. Het *heeft zo moeten zijn* voor de kleine meisjes en hun moeder dat zij overleefden.

Op een dag werd Sonja meegenomen naar de gaskamer. Staand in de drukke rij met honderden anderen, wachtend op haar dood, zag zij de rook uit het rookkanaal komen, wetend dat het de as was van haar *"broers en zussen,"* zoals zij zou zeggen. Zij herinnert zich hoe zij in zichzelf dacht dat ze nooit in staat zal zijn haar droom te leven van getrouwd zijn en een familie van haarzelf te stichten. De rij begon naar voren te bewegen en Sonja was nu in de gaskamer. Ze wist dat haar tijd was gekomen en er geen ontsnapping mogelijk was, niets anders wat ze kon doen dan zich over te geven aan haar omstandigheden.

Plotseling schreeuwde een officier in woede, *"Jullie hebben allemaal veel geluk. Het gas is op."* Hij commandeerde Sonja en de rest van de gevangenen om direct naar de barakken terug te gaan. Sonja was verdoofd van ongeloof over haar geluk. Het was haar gelukt om de dood weer te ontkomen. Het was duidelijk niet haar tijd om dood te gaan. Dat het gas op was was een wonder dat vast *zo had moeten zijn.*

Wachtend op de bewakers om het gas bij te vullen, werd Sonja in een trein op transport gezet naar weer een onbekende bestemming, een nieuw concentratiekamp. Zij herinnert zich dat ze intens huilde van opluchting dat haar leven gespaard was en tegelijkertijd van angst voor wat er nu ging komen.

Wat nog wonderbaarlijker is, is dat hetzelfde lot haar twee keer meer gebeurde gedurende de periode van elf kampen waar ze gevangen werd gehouden. Dat betekent dat bij drie verschillende situaties waarbij zij naar de gaskamers was gebracht, er sprake was van een storing van de gastoevoer, of zij hadden zo veel gevangenen die dag vergast dat toen het mijn moeder's beurt was, het gas op was. Noem het hoe je wilt, maar wat mij betreft was het nog niet haar tijd om dood te gaan. Er waren nog genoeg doelen voor haar leven. Iedere keer was het nog een wonder van het lot dat zeker *zo had moeten zijn.*

Sonja en haar zussen werden meegenomen naar Reichenbach waar zij werkten voor het Telefunken Electronica Bedrijf. Zij woonden in het concentratiekamp twee mijl ten zuiden van

Reichenbach in de gemeente Langenbielau.[17] Telefunken adopteerde de Philips Commando gevangenen omdat zij minder training nodig hadden en al hadden bewezen goede werkers te zijn. Zo lang als ze tot deze groep behoorde, had ze waarde als een ervaren werker. Sonja wist dat dit in haar voordeel was en zorgde ervoor dat ze altijd goed werk leverde.

Een gewone dag voor Sonja bij Reichenbach hield in dat zij twee mijl van het kamp naar de fabriek liep, staand een twaalfurige dienst werkte en dan terug liep. Aan het einde van de dag was Sonja uitgeput, met ondraaglijke pijn in haar rug, benen en voeten van de hele dag staan. Iedere dag vernieuwde zij haar eed om nooit aan de pijn toe te geven. Ze was vastbesloten om haar mantra nooit op te geven, *"Hitler zal mij nooit krijgen"*.

Hoofdstuk 7

John in de kolenmijnen

Drie maanden voordat de oorlog eindigde werd John van de scheepswerven overgeplaatst naar de kolenmijnen die vijftien tot twintig kilometers van Nagasaki af lagen. John wist, dat omdat mijnwerkers zo vies werden, zij dagelijks konden douchen in tegenstelling tot de ene douche in de tien dagen die toegestaan was wanneer je werkte op de scheepswerf. Om deze reden, en alleen deze reden, melde John zich blij aan om in de kolenmijnen te werken. Hij kon toen niet weten hoe deze beslissing zijn leven uiteindelijk redde.

Dit is wat er gebeurde.

John en de andere krijgsgevangenen werden vervoerd per trein naar het dichtsbijzijnde koolmijnkamp. De ramen van de trein waren potdicht. Ze zaten dicht tegen elkaar als sardientjes in een blikje. Er was haast geen ruimte voor John om zichzelf naar de toiletten te manoeuvreren. Hij bad dat hij niet hoefde te gaan. Toen hij op het kamp arriveerde, was het uitzicht beangstigend. Het kamp zag er verschrikkelijk uit van de buitenkant. Hij had nooit eerder in een kolenmijn gewerkt en had geen idee wat hem te wachten stond.[18]

John was gewend aan de bedwantsen en luizen van zijn kamp op de scheepswerven, maar niets bereidde hem voor op hoe het in de kolenmijnen zou zijn. Hij werd constant gebeten. Wanneer iedereen weer boven de grond kwam en hun kleding uitdeed, zat hun lange ondergoed onder de luizen en andere beestjes. Hij herinnert zich dat hij naar de muur naast zijn bed keek en al de bloedvegen zag van de insecten die hij gedood had met zijn schoenen. Na een tijdje met de grote hoeveelheid bedwantsen, luizen en verschrikkelijke levensomstandigheden te maken te hebben gehad, vertelde John een vriend dat hij bij nader inzien misschien een vergissing had gemaakt door overgeplaatst te zijn naar de kolenmijnen. Hij kon zich niet voorstellen hoeveel erger het nog zou kunnen worden.

Het was ook veel kouder in de mijnen dan John verwacht had. 's Morgens ging hij met een kleine trein minstens 600 meter onder de grond. Hij liep naar beneden in wat hij omschreef als, *"de grote zwarte gaten"* met de grote mijnlamp op zijn hoofd en een grote pikhouweel om het kool te hakken. Hij moest regelmatig over spleten in de aarde heenstappen terwijl hij naar beneden kijkend de bodem niet kon zien. Ik kan mij niet eens voorstellen hoe beangstigend dat geweest moet zijn en hoe voorzichtig hij bij iedere stap moest zijn.

En dan waren er de explosies. De Japanners maakten gaten waarin zij dynamiet plaatsten om het op te blazen en de kool verbrijzelden. John en de gevangenen werden dan gedwongen om de vergruisde kolen in kleine wagentjes te scheppen. Dit was zijn routine van 's morgens tot 's avonds. Het was hard, rugbrekende arbeid waardoor hij aan het eind van iedere dag fysiek uitgeput was. Hij herinnert zich dat hij geen daglicht zag tot aan het weekend omdat hij al heel vroeg in de morgen vertrok en het al donker was wanneer de werkdag was afgelopen.

Ondervoeding was normaal in het kamp. Rantsoenen waren ontoereikend als gevolg van de ernstige voedingstekorten in Japanse oorlogstijd. John was gedwongen om het uit te houden in bijna uithongerende omstandigheden daar de laatste dagen van de oorlog in zicht kwamen. Ondanks de onvoldoende voedingsrantsoenen, werd er nog steeds van John verwacht om aan de werkeisen in de kolenmijn te voldoen. Het was een heel moeilijke en wanhopige tijd.

John herinnert zicht hoe hij voelde dat wanneer de vliegtuigen meerdere keren per dag overvlogen om Tokyo en andere plaatsen te bombarderen, de krijgsgevangenen allemaal voelden dat de vrijheid niet ver weg meer was. Dit gaf hem hoop dat de oorlog snel zou eindigen, maar ze wilden niet te hoge verwachtingen hebben.[19] Ze gingen gewoon door met bidden voor vrijheid en dat hun lichamen het op een of andere manier zouden redden om gezond te blijven en hen zouden helpen.

Hoofdstuk 8

Eindelijk vrijheid voor John

In de lente van 1945 hoorden John en zijn maten dat Duitsland zich had overgegeven. Dit goede nieuws verhoogde hun hoop dat Japan zich ook wellicht zou overgeven. Op 9 augustus hoorden John en zijn medegevangenen een harde explosie. Zij dachten dat een andere munitie-opslag gebombardeerd was. In de avond toen zij vanuit de mijn naar boven kwamen zagen zij een rode gloed in de verte. Dat is het moment dat zij zich realiseerden dat iets groots was gebeurd. Dit was geen gewoon munitiebombardement. Later vernam hij dat het de atoombom was die de Amerikanen op Nagasaki hadden laten vallen om de oorlog te beëindigen.

Op 15 augustus zag John de Japanse soldaten, met lange gezichten van verslagenheid, luisteren naar de radio. Er waren geen geluiden meer van luchtbombardementalarmen en de nachtploeg hoefde niet meer aan het werk. De spanning in het kamp was gerezen. John en zijn medegevangenen voelden dat dit het einde van de oorlog was.[20]

De Japanse soldaten werden geïnformeerd door hun officieren dat de keizer had besloten om de oorlog te beëindigen. John en de andere gevangenen waren eindelijk vrij.

John en al zijn maten waren verrukt toen zij de B29 vliegtuigen zagen overvliegen en grote olievaten zagen droppen die gevuld waren met blikken eten, chocola en sigaretten. *"De vliegtuigen vlogen zo laag, het was ongelooflijk. We zongen en dansten. Er was een dolblij gevoel van vrijheid in lucht. We waren dronken van het leven zonder een druppel alcohol,"* vertelde hij mij met een grote lach op zijn gezicht.

John's vriend, de mannelijke verpleegkundige die voor hem eerder de pruimen had geregeld, beval alle nu ex-krijgsgevangenen om het eten niet aan te raken totdat hij de kans had om de juiste hoeveelheden porties te distribueren. Het is niet verbazend dat niet alle mannen luisterden nadat ze zo lang van voedsel beroofd waren geweest. John zag veel van zijn vrienden zich volstoppen met chocola en ingeblikt eten. Nadat hij zag hoe hun voeten opzwollen omdat hun lichamen niet meer waren gewend aan zoveel eten in één keer, luisterde John wijs naar zijn vriend en beheerste zichzelf om kleine porties te eten.

De Amerikanen kwamen aan land om hen te redden en op 18 september verlieten de bevrijde ex-krijgsgevangenen het kamp en werden per trein naar Nagasaki meegenomen. Deze keer was elk raam open. John herinnert zich hoe zij van opwinding naar de boeren op de velden schreeuwden. Zij kauwden kauwgum en rookten de beste sigaretten.

De trein arriveerde in Nagasaki waar de bom maar een maand daarvoor was gedropt. Het duurde ongeveer veertig minuten om bij het hoofdstation te komen waar het Amerikaanse Rode Kruis op hen wachtte. John denkt terug aan de stilte toen zij de vernietiging zagen. Hij kon alleen een paar straten ontwaren en overblijfselen van bepaalde gebouwen. Alles was verbrand. De stad was niet meer. De lucht van verbranding hing er nog steeds en het leek alsof de schaduwen van de dood overal waren. Alleen het klikken van de wielen van de trein was te horen toen John door dit massagraf reisde.[21]

Pas na getuige te zijn geweest van de vernietiging kon hij volledig bevatten wat voor een geluk hij had gehad om ondergronds te zijn geweest toen de bom explodeerde. Als hij nog steeds op de scheepswerven had gewerkt, had hij het waarschijnlijk niet overleefd. Was dit weer een ander geval van toeval? Ik denk van niet. Mijn vaders leven was niet bedoeld om zo vroegtijdig te eindigen. Waarom was zijn leven gespaard en niet dat van anderen? Dat is een vraag die ik niet kan beantwoorden. Dat is een deel van de essentie van dit ongelooflijke wonder dat zeker *zo had moeten zijn*.

Vanuit Nagasaki gingen John en de anderen verder naar Okinawa waar zij op het vliegtuig werden gezet naar Manilla. Zij bleven voor drie maanden in Manilla om te herstellen. Alhoewel John de medische aandacht kreeg die hij nodig had, wisten de dokters niet wat zij konden doen aan zijn ernstig beschadigde slokdarm door de zware afstraffing van het doorslikken van de hete chilipoeder.

Gedurende die tijd, begon John weer vlees op zijn botten te krijgen en zijn fysieke kracht weer terug te krijgen. Alleen was er geen psychische hulp zoals tegenwoordig voor de soldaten. Als gevolg hiervan, zag hij veel van zijn maten mentaal worstelen om hiermee om te kunnen gaan, nu staat het bekend als Post Traumatisch Stress Syndroom.

In Manilla overkwam John nog een wonder. Een ongelooflijke kracht was aan spel toen hij toevallig aan de praat kwam met een sergeant en er achter kwam dat hij ook Joods was. John gaf aan dat hij niet religieus was opgevoed en hij was nieuwsgierig om meer te weten te komen over het geloof en de gewoonten van zijn mensen. De sergeant zei tegen John: *"Waarom sluit je je niet aan bij de Joodse jeugdgroep hier in Manilla? Het heet Habonim."* John sloot zich aan bij de jeugdgroep waarvan hij later zou vertellen dat het een grote rol in zijn vermogen zou spelen om mentaal en spiritueel om te kunnen gaan met zijn moeilijke overgang van gevangenschap naar vrijheid. Hij vonden het heerlijk om jonge mensen te ontmoeten van ongeveer zijn eigen leeftijd. Hij herinnert zich dat hij kaart speelde met hen, genoot van de immense vrijheid van zwemmen in de oceaan en hoe heerlijk het was om rustig op het strand te liggen zonder zich zorgen te maken. Hij genoot van hun gezelschap en waardeerde het om weer te kunnen lachen.

Door zichzelf met positieve mensen van ongeveer zijn eigen leeftijd te omringen, herwon hij de mogelijkheid om het gevoel van ware vrolijkheid te ervaren. Dit zorgde ervoor dat John beter om kon gaan met zijn nieuw verworven vrijheid in tegenstelling tot veel van zijn vrienden die daarvoor in de plaats juist kozen om zichzelf af te zonderen.

Dit is iets wat als heel krachtig overwogen mag worden. Vaak als men geconfronteerd wordt met tegenspoed en stressvolle situaties, is er een tendens om het voor onszelf te houden, gelovend dat we moeten lijden en onze problemen alleen moeten oplossen. Ons isoleren en alleen voelend, realiseren we ons niet dat contact hebben met anderen en ons omringen met opgewekte mensen ons eigenlijk kan helpen helen en overwinnen, en in het bijzonder wanneer die anderen positieve mensen zijn die ons helpen ons veilig te laten voelen en ons ergens bij laten horen.

Het was door de jeugdgroep dat John een meisje leerde kennen die Margo heette. Hij ging een paar keer met haar uit en werd smoorverliefd op haar. Hun relatie kwam abrupt tot een einde toen zij terug keerde naar de Verenigde Staten om haar opleiding af te maken. John hoorde nooit meer van haar totdat het lot hun zestig jaar later weer bij elkaar bracht. Het was echt een wonder en duidelijk weer een inspirerend voorbeeld van iets wat *zo heeft moeten zijn*.

Dit was wat er gebeurde.

Stel je voor, zestig jaar na de oorlog, in 2005, een jaar na het overlijden van mijn moeder, werd mijn vader telefonisch geïnterviewd op live-radio in Israël. Het radiostation interviewde voormalig oorlogskrijgsgevangenen zoals mijn vader. Toen de presentator de volgende gast aankondigde als John Franken, riep een vrouw in ongeloof vanuit de achtergrond, *"Johnny Franken, Johnny Franken?"* Het was Margo die hem van naam herkende. Ze woonde in Israël en werd live geïnterviewd in de studio. Mijn vader kon zijn oren bijna niet geloven. Zij praatten opgewonden tegen elkaar, live op de radio, en we hoorden later dat heel Israël luisterde en zich afvroeg wat er met hun twee ging gebeuren. Zij wisselden contactinformatie uit en begonnen elkaar te schrijven via e-mail. Mijn vader zou jou vertellen dat dit geen toeval was. Wat hem betreft was dit nog een bron van bewijs dat alles in het leven *zo heeft moeten zijn.* Hij zag geen andere verklaring voor de perfecte timing van haar om in de studio aanwezig te zijn terwijl de presentator mijn vader introduceerde. Zij had net de studio verlaten kunnen hebben of even naar het toilet kunnen hebben gegaan. Zij had zijn naam hebben kunnen vergeten. Er zijn zo veel dingen die anders hadden kunnen lopen en die zo perfect met elkaar in verbinding stonden zodat zij beiden hun relatie weer op konden rakelen.

Na drie maanden in Manilla, lag John te slapen in zijn hangmat toen op een nacht een officier tegen hem en een paar anderen zei, *"Wie er geïnteresseerd is om naar Australië te gaan, moet zich bij mij melden."* Zonder met zijn ogen te knipperen en dapper als altijd, rolde John zijn hangmat op en zei tegen de officier, *"Hier ben ik, ik ben klaar om te gaan."* John wilde graag naar Australië gaan zodat hij zijn vliegtuigtechnicusopleiding kon afmaken. Hij werd de volgende dag per vliegtuig naar Sydney gebracht.

Na ongeveer acht maanden in Sydney, ging John naar Nederland waar hij de rest uitdiende van zijn tienjarig marinecontract. Eerst stopte hij in Indonesië om zijn moeder te vinden. Helaas vernam John dat zijn moeder in een Japans krijgsgevangenenkamp was overleden.

Bij zijn terugkomst in Nederland, lukte het hem om weer samen te komen met zijn broers Paul, Albert, Joop en ook met mevrouw Van der Velde. Mijnheer Van der Velde was helaas ook in de oorlog overleden. Zoals je je zult herinneren, het was mijnheer Van der Velde die de trouwceremonie leidde voor mijn oom Paul en zijn vrouw tijdens de vooroorlogse tijd in Nederlands Oost-Indië.

John hoorde dat zijn broer Weitje overleden was in Mauthausen en dat Albert, Paul en Joop gevangen waren genomen door de Japanners en slavenarbeid hadden moeten verrichten door te bouwen aan de beruchte Burma spoorlijn, ook bekend als de Doden Spoorlijn, de Burma-Siam Spoorlijn, de Thailand-Burma Spoorlijn en meer van dat soort namen. Het was een 415 kilometer lange spoorlijn tussen Bangkok (Thailand) en Rangoon. Burma (nu Yangon, Myanmar), gebouwd door het keizerrijk Japan in 1943, om de legers te ondersteunen in de Burma campagne van de Tweede Wereldoorlog. Voor de constructie ervan werd gebruik gemaakt van dwangarbeid.

Foto van Joop Franken

12.399 Geallieerde krijgsgevangenen overleden als een direct resultaat van het project. De dode krijgsgevangenen bestond uit 6.318 Brits personeel, 2.815 Australiers, 2.490 Nederlanders, 356 Amerikanen en 20 krijgsgevangenen van andere Britse Gemenebest landen (India, Nieuw Zeeland en Canada).

Joop en Paul werden aan het eind van oorlog bevrijd. Het verhaal van Albert's bevrijding is bepaald opvallend. Op een bepaald moment gedurende de oorlog, toen Albert te ziek was om te werken door hoge koorts van malaria-aanvallen, gooide een Japanse officier hem in het moeras om hem dood te laten gaan. Te zwak en te ziek om uit het moeras te klauteren, zag hij geen uitweg uit levend uit deze penarie te komen. Plotseling, toen zowel zijn hoop als zijn kracht op waren, vond een Thais meisje hem. Zij trok hem uit het moeras en verpleegde hem zodat hij weer tot leven kwam. Net zoals in een sprookje, raakten de twee verliefd op elkaar, trouwden zij, verhuisden zij naar Nederland en leefden nog lang en gelukkig.

Wat een ongelooflijk wonder van het lot, dat net als Albert zich overgeeft om te sterven, dit jonge meisje hem vindt en hem weer tot leven verpleegt. Als zij veel later was aangekomen zou hij waarschijnlijk al dood zijn geweest en had zij niets meer kunnen doen om hem te helpen. Dit, ook, *heeft zo moeten zijn.*

Ik zal altijd mijn oom Albert en tante Nittje herinneren, ik ben blij dat ik hen heb leren kennen tijdens mijn vele bezoeken in Nederland tijdens mijn jeugd. Na de oorlog werkte Albert in een legerziekenhuis als een verpleegkundige bij de eerste hulp. Hij overleed op 16 april 1970 aan een hartaanval. Joop, John's oudste broer, werd een bewaker op een militaire basis in Nederland en overleed om 27 oktober 1965 aan een beroerte.

Foto van Albert en Nietje Franken

Na de oorlog, verhuisde mijn oom Paul naar Canada waar hij zijn eigen winkel had en als opticien werkte. Hij overleed in Montreal op 30 mei 1970 aan een hartaanval. Ik ben er heel dankbaar voor dat ik hem kende toen ik nog een klein meisje was, ook al was het maar voor een heel korte periode. Helaas overleed oom Joop voordat ik de kans had om hem te leren kennen.

In december 1950 werd John ontslagen bij de Marine. Er waren geen banen beschikbaar als vliegtuigtechnici dus John accepteerde een baan in een verffabriek. In oktober 1951 zag John een grote advertentie in de krant die vacatures promootte in de vliegtuigindustrie in Montreal te Canada. Deze advertentie zou het verloop van zijn leven veranderen. Een bedrijf wat Canadair heette bouwde vliegtuigen voor de oorlog in Korea en had technici nodig. John pakte de kans en ging naar Montreal zonder baan en met niet meer dan 50 dollar in zijn zak en met een hart vol hoop.

Vastberaden wachtte hij in het arbeidsbureau van Canadair voor vier hele dagen achter elkaar totdat iemand eindelijk binnenkwam en zei, *"Ik heb een inspecteur nodig voor onderdelen. Iemand gequalificeerd en geïnteresseerd?"* John stond op, deed een stap naar voren en zei dat hij geïnteresseerd was en bereid was om direct te starten.

Als ik aan dit verhaal denk, vraag ik mij af wat het personeel in het arbeidsbureau dacht van deze vreemde man die daar de hele dag zat te wachten op een baan. Zij hadden hem kunnen vragen om te vertrekken, maar dat deden ze niet. Iedere dag als hij terugkeerde, kan ik me alleen voorstellen dat zij hem bewonderden voor zijn doorzettingsvermogen wat hem duidelijk uiteindelijk op het eind uitbetaalde. John was extatisch dat hij een vaste baan had gekregen in zijn specialisatie en was gretig om een nieuw leven te beginnen als een Canadees burger.

Hoofdstuk 9

Eindelijk vrijheid voor Sonja

In februari 1945, waren Sonja en haar zussen meegenomen op een dodenmars van Reichenbach naar Tjecho Slowakije. Moe, zwak, hongerig en slap werden zij gedwongen om dagen door de bergen van Tjecho Slowakije te lopen in de koude winter. Zij waren er niet op gekleed en zonder voldoende vetreserves op hun lichamen om hen warm te houden en hun genoeg energie te geven, vergde het al hun innerlijke kracht en innerlijke sterkte om door te blijven gaan en niet van de kou en de uithongering dood te gaan.

Na uren lopen, zonder enige waarschuwing, stortte Ro zichzelf op de grond en herhaalde telkens weer, *"Ik wil niet meer leven. Ik wil niet meer leven. Neem mij tot u God alstublieft."* Sonja zag hoe Ro's ogen achterin haar hoofd rolden net voor dat ze flauw viel en hard op de grond instortte. In paniek nam Sonja Ro in haar armen en sloeg haar aan beide kanten van haar gezicht om haar weer wakker te krijgen en vertelde iedere keer met een soort van woestheid, *"Je moet leven. Je moet leven. Ik wil dat jij leeft. We zullen hieruit komen. We zullen overleven. We zullen hieruit komen."* Mijn moeder vertelde mij dat zij zich nog duidelijk herinnert dat de tranen over haar wangen stroomden omdat ze de gedachte niet kon verdragen om haar geliefde zuster Ro te verliezen. Ze wist dat als de Nazi's Ro op de grond zagen liggen, zij haar waarschijnlijk door het hoofd zouden schieten omdat ze het hen al bij vele anderen had zien doen. Zonder een kostbaar moment te verliezen, zette Sonja Ro op haar rug en droeg haar over haar schouders voor de rest van de weg.

Ik herinner mij dat mijn moeder vertelde hoe moeilijk en buitengewoon pijnlijk het was om Ro op haar rug te dragen, maar dat zij haar zus niet wilde laten zitten, letterlijk en figuurlijk. De rollen waren nu omgedraaid. Voorheen was Ro als een moeder haar kleine zussen aan het beschermen, Sonja was nu aan het zorgen voor Ro. Toen we over deze dappere actie van lef en vastberadenheid spraken, zei ze dat geen idee had waarvandaan zij de fysieke kracht vandaan kreeg. Ze zei tegen mij, *" We waren tegen die tijd alleen huid en botten. We waren als wandelende skeletten dus ik weet niet hoe ik het gedaan heb."* Ik denk dat het haar geesteskracht, haar driedubbele koppigheid en vastberadenheid waren die haar gebrek aan spieren en fysieke kracht goedmaakten. Wat een dapperheid dat ze deed wat ze deed. Ze heeft niet alleen één leven gered door het redden van Ro; ze redde letterlijk alle generaties die sindsdien volgden, inclusief haar drie geweldige kinderen, kleinkinderen enzovoort. Het had zo moeten zijn dat Sonja haar zusters leven zou redden in zulke onwaarschijnlijke en bedreigende omstandigheden.

Gelukkig was het snel na de dodenmars dat de oorlog eindigde. Sonja kan niet inschatten hoeveel langer zij hadden kunnen overleven en stand hadden kunnen houden. In mei 1945 werden Sonja en haar zussen bevrijd door het Zweedse Rode Kruis. Sonja zou de Zweden altijd dankbaar zijn voor het redden van haar leven.

Stel je voor dat in 1940 de Nederlandse bevolking bijna 9.000.000 was. Ongeveer 140.00 hiervan waren Joods; 107.000 van deze Joden waren gedeporteerd naar Duitse concentratie- en dodenkampen. Alleen 5.500 van hun overleefden de kampen. Dit betekent dat 95% van de Joden in Nederland die naar de kampen waren gestuurd gedood waren.[23] Gelukkig maakten mijn moeder en haar zussen een gedeelte uit van de erg kleine 5% die het lukte te overleven.

Na hun bevrijding van de kampen bij het Zweedse Rode Kruis, werden mijn moeder en haar zussen van Zweden naar Denemarken genomen. Bij aankomst ontvingen zij kleding, voedsel, medische zorg en werden daarna naar verschillende locaties gestuurd om te herstellen. Ik herinner mij dat ik een paar jaar geleden een oudere Zweedse man ontmoette en hem vertelde over mijn moeders positieve ervaring in Zweden en met de Zweedse mensen. Hij vertelde mij hoe hij zich herinnerde dat hij als jong kind de busladingen van ex-gevangenen zag waarbij zij eruit zagen als vel en botten, en hoe hij en zijn mensen grote sympathie voelden voor hen. Hij had tranen in zijn ogen. Ik was zo geraakt dat hij deze sterke herinnering van zijn jeugd deelde. Het had duidelijk een diepe indruk op hem gemaakt.

Net zoals wat er bij John gebeurde toen er ineens een overvloed van voedsel beschikbaar kwam, zag Sonja anderen zichzelf volstoppen. Sommigen van hen die zich volstopten om snel voldaan te zijn, niet nadenkend over de gevolgen, eindigden dood door het overeten omdat hun zwakke en ondervoede lichamen de plotseling grote voedselinnames niet aankonden. Sonja was wijs genoeg om zichzelf in te houden en haar lichaam langzaam weer aan te laten passen om weer goed te kunnen eten.

Het is zo verdrietig dat deze Holocaust slachtoffers er in slaagden de verschrikkelijke ervaringen van hun gevangenschap in de concentratiekampen te overleven en te overlijden aan het overeten. Wat jammer om zowel deze individuen als ook de generaties die zij leven hadden kunnen geven, te hebben verloren.

De Zweden konden de gegeven naam Schoontje aan Sonja niet uitspreken en vertelden haar, *"Van nu af aan noemen wij jou Sonja."* Dat is hoe haar naam is veranderd. Deze naam werd haar naam voor de rest van haar leven. Zij zei altijd dat ze het niet erg vond omdat ze nooit dol was geweest op haar gegeven naam en eigenlijk de voorkeur gaf aan Sonja.

Tijdens het fysieke herstel, waarbij zij wat in gewicht toenam en zich mentaal en emotioneel beter begon te voelen, begon Sonja langzaamaan weer te zingen. Toen het personeel haar engelachtige stem hoorde, namen zij contact op met een locaal muziek conservatorium voor een studiebeurs. Ze vertelde hen dat ze oprecht vereerd was door het aanbod, maar dat zij zich nog steeds emotioneel te kwetsbaar voelde door alles wat ze mee had gemaakt en dat zij zich nog niet klaar voelde om zich te committeren aan iets wat zo groot was. Zij weigerde het aanbod en in plaats daarvan koos zij om terug te gaan naar Nederland waarvan ze voelde dat ze hoorde. Dit is één van de momenten in het leven waarover ik mij afvraag wat er gebeurd zou zijn als zij het aanbod had geaccepteerd - zou mijn moeder een wereldberoemde zangeres zijn geworden? Wie weet? Ze had zeker het talent, de persoonlijkheid en het charisma hiervoor.

Hoofdstuk 10

Terugkeer naar Nederland

Na een jaar van herstel in Zweden, keerden Sonja en haar zussen terug naar Nederland. Het enige overlevende familielid die de oorlog had weten te overleven die zij konden vinden was een oom die in Wierden woonde, een stad dichtbij Rijssen waar zij geboren en opgegroeid waren. Hem te vinden was een zegen wat zo *had moeten zijn* daar hij zo aardig was om de drie meisjes in zijn huis op te nemen. Als zij hem niet hadden gevonden, weten zij niet wat hun lot zou zijn geweest.

Bij hun bezoek aan hun huis in Rijssen, waren zij gechoqueerd toen zij bij de voordeur de vreemden ontmoetten die hun familiehuis hadden overgenomen. Later hoorden zij dat dit niet een uitzonderingssituatie was. Van de Joden die terugkeerden van schuilplaatsen of van de kampen waren de eigendommen geplunderd of vernield. De huizen waar de Joden in leefden waren nu bezet door vreemden. De Nederlandse burgers hadden gewoon niet verwacht dat de Joden zouden terug keren.[24] *"Hoe kan dit nou?"* vroeg mijn moeder zich af. *"Wat gaf deze vreemden het recht om ons familiehuis en onze familiebezittingen die achter waren gelaten over te nemen?"* Stel je mijn moeder voor staand in de deuropening van het huis waarin zij was opgegroeid. Ik vraag me af of haar families meubels, schilderijen en andere bezittingen nog daar waren op de achtergrond net zoals het achter was gelaten op die verschrikkelijke dag toen zij gedwongen werden het huis te verlaten door dezelfde deuropening waar zij nu stond. Ik vermoed dat er niets meer stond wat tot haar familie behoorde. De mensen die het huis bezaten riepen uit, *"Wat denk je dat je hier doet? Je zou niet terug komen. Dit is ons huis nu."* De nieuwe huisbewoners sloegen de deur voor hun dicht.

Sonja was vervuld met wanhoop. Dit was allemaal zo oneerlijk. Na alles wat ze hadden geleden, hoe had dit kunnen gebeuren? Het gebrek aan menselijkheid, een onverdraaglijk gevoel van niet bestaan, en een totale afwezigheid van compassie die deze vreemden lieten zien is verbijsterend voor mij. Hoe konden zij de deur dichtslaan voor deze jonge vrouwen die ieder recht hadden om daar te zijn?

Na een paar korte maanden, keerde Ali terug naar Zweden waar ze trouwde en kinderen van haarzelf kreeg. Na een tijd zou Ro trouwen en een gezin starten. Sonja vond een baan in Amsterdam als een verpleeghulp in een Joods verzorgingshuis dat De Joodse Invalide heette. Het is sindsdien hernoemd tot Beth Shalom. Bij de baan hoorde een appartement in het verzorgingshuis waar ze kon wonen. Dit was een geweldige zegen wat zo *had moeten zijn* want Sonja was verrukt om zowel te werken als te wonen op hetzelfde adres. Zij was heel gelukkig met haar werk om de ouderen te verzorgen. De baan paste perfect bij haar omdat ze een warme en verzorgende ziel was. Mijn moeder had altijd een enorme compassie voor zowel kinderen en ouderen en stond altijd klaar met een helpende hand, een warme lach en een open hart. Ze beschikte over het extra geduld en de vriendelijkheid die nodig zijn voor dit soort werk.

Op een dag, na een aantal jaren dit werk uitgeoefend te hebben, hoorde Sonja van een nieuwe bewoonster die net toegelaten was tot het verzorgingshuis. Toen zij aan elkaar werden voorgesteld, herkenden de twee dames elkaar direct en barstten zij in tranen uit. Sonja kon haar ogen niet geloven. De nieuwe bewoonster was de moeder van de identieke tweeling die zij gered had van het kwaad van Dr. Mengele in Auschwitz. Zij omhelsden elkaar stevig en konden het ongelooflijke lot niet geloven wat hen weer bij elkaar bracht na zoveel jaren na de oorlog. Hoe was dit mogelijk?

Wat waren de kansen dat deze twee overlevenden weer bij elkaar werden gebracht? Hoe kan iemand in twijfel trekken dat hier misschien een soort van goddelijke interventie speelde? Ik krijg iedere keer dat ik aan dit verhaal denk kippenvel en hoe mooi het moment moet zijn geweest voor hun tweeën. Het was inderdaad een zegen die zo *heeft moeten zijn*.

Sonja kon nauwelijks wachten om te vragen hoe het met de tweeling was. De moeder was verheugd om haar te vertellen dat zij gezond & gelukkig waren, dankzij Sonja's dappere daad. Sonja ging naar de directrice van het verzorgingshuis en vertelde haar het verhaal van haar relatie met deze vrouw en wat er gebeurd was in het kamp. Het leek de directrice passend om de nieuwe bewoonster toe te wijzen aan Sonja's zorg. Sonja zorgde extra goed voor haar totdat de vrouw haar laatste adem uitblies. Sonja herinnert zich hoe zij het zowel als een privilege als een eer ervoer.

Met haar natuurlijke schoonheid, sociale sierlijkheid, gevoel voor humor en warme persoonlijkheid, was het geen verrassing dat veel mannen zich tot Sonja voelden aangetrokken. Ze ging uit met een paar van hen, maar niemand van hen lukte het haar voor zich te winnen. Iedere keer kwam ze er achter dat zij tegen haar over iets van zichzelf hadden gelogen en voelde zij zich verraden. Vertrouwen werd een steeds groter ding voor Sonja. Als zij het gevoel kreeg dat zij haar huwelijkskandidaat niet kon vertrouwen, wees zij hem direct af. Ik herinner mij dat zij mij bij veel momenten zei, *"Zonder vertrouwen in een man, heb je niets."*

Alhoewel Sonja nog een man van haar dromen had te vinden, zat ze niet in haar eentje thuis duimen te draaien. Ze zocht naar andere manieren om bezig te blijven, sociaal te zijn en plezier te hebben.

Op een dag toen zij een lokaal Joodse krant doornam, zag Sonja een advertentie waarin gezocht werd naar een getalenteerde zangeres om bij een Joods vrouwenzangkwartet aan te sluiten. Sonja reageerde direct, deed auditie en werd direct ter plekke aangenomen. Toen zij haar pure, hoge, zuivere stem hoorden en het gevoel wat zij bracht aan de muziek en tekst, was het overduidelijk dat zij niet verder hoefden te zoeken. Ook dit, *heeft zo moeten zijn*. Ze werd beste vriendinnen met de andere drie dames - Claar, Schel en Ria - en de pianist. Het kwartet werd een integraal deel van haar leven. Het was haar ontsnapping, haar medicijn, haar heling, haar troost en grootste vreugde. Zij sloot zich ook aan bij een gemengd koor onder de leiding van de beroemde orkestleider Hans Krieg. Alhoewel haar dagelijks werk veel voldoening gaf op meerdere gebieden, voedde het zingen haar ziel op manieren waar zij geen woorden voor kon vinden. Zoals we kunnen zien, heeft haar zingen in haar hele leven continue een rol gespeeld.

Sonja leed vreselijke rugproblemen na de oorlog tot de dag dat zij overleed. Ik vraag me af hoeveel het kwam door het werken aan de spoorlijn en het dragen van haar zus op haar rug. Ze is uiteindelijk gediagnosticeerd met zowel artrose als botontkalking in haar wervelkolom. De pijn en het ongemak waren vaak ondraaglijk. Ze zei vaak, *"De rugpijn die ik heb, heb ik te danken aan Hitler."* Hoewel ik me ook herinner dat zij vaak zei, *"Het maakte niet uit hoeveel pijn ik had, wanneer ik het podium opging om voor een live-publiek te zingen, dat was het beste medicijn. Daar was het wanneer ik geen pijn voelde."*

Het kwartet zong in de grootste concertzaal in Amsterdam, de rijke en bezielde melodieën zingend die zo typisch waren voor de

Jiddische en Hebreeuwse liederen. Ze zou mij vertellen hoe je een speld kon horen vallen, in het bijzonder bij het zingen van Joodse gezangen met de herinnering van de oorlog nog zo vers in het geheugen van de Nederlandse bevolking. Sonja was de hoofdsoliste en raakte snel gewend aan de vele staande ovaties die zij ontving. Ze was in de zevende hemel.

Ik heb een foto van mijn moeder waar zij met het kwartet een eremedaille in ontvangst neemt van de burgemeester van Amsterdam. Het was een erkenning voor het winnen van een nationaal zangkampioenschap. Dit was een grote eer voor haar in haar leven. Op onderstaande foto kun je zien dat zij de enige is die in de camera kijkt en ze had niet mooier kunnen kijken.

Foto Van links naar rechts: Claar, Sonja, Schel, Ria

Hoofdstuk 11

John ontmoet Sonja

Alhoewel Sonja een succesvolle overgang naar vrijheid naar haar leven had gemaakt en tevreden was met haar nieuwe leven, was er nog iets wat miste. Met de tijd die snel verstreek, werd Sonja's verlangen naar een echtgenoot groter en groter. Omdat zij er altijd van hield om te zorgen voor en omgeven te zijn door kinderen, was het haar droom om er op een dag een paar van zichzelf te hebben. Haar moederlijke instincten riepen haar. Zij had alleen maar goede herinneringen aan haar eigen kindertijd in Rijssen en wilde niets liever dan een gezin van haar zelf te hebben. Zij droomde ervan een warm en gezellig thuis te creëren vol met vreugde, vrede en liefde.

Het gezegde gaat, *"Vraag en u zult ontvangen."* Herinner je je mevrouw Van der Velde? Zij was de vrouw van de man die de trouwceremonie voor mijn oom Paul en zijn vrouw in Nederlands Oost-Indië op zich nam. Ik gaf in het begin al aan dat je zou zien hoe zij een belangrijke rol zou spelen in John's leven jaren later.

Dit is wat er gebeurde.

Na de oorlog verhuisde mevrouw Van der Velde terug naar Nederland en maakte op één of andere manier contact met mijn vader. Hij herinnert zich niet precies meer hoe zij elkaar weer vonden. Mijn vaders verhuizing naar Canada volgend, bleven zij contact houden door te corresponderen. Gelukkig deden zij dit. Zoals het lot wilde, was mevrouw Van der Velde nu aan het werk bij De Joodse Invalide en had zij mijn moeder inmiddels goed leren kennen.

Mevrouw Van der Velde was Sonja erg aardig gaan vinden. Sonja had met haar meerdere malen een aantal van haar negatieve afspraakervaringen gedeeld en aangegeven hoe graag zij een goede, eerlijke en betrouwbare man zou ontmoeten met wie zij haar leven wilde delen.

Mevrouw Van der Velde kreeg een idee. Zij wist wat Sonja zocht in een man en dat John zich in Canada gevestigd had en er klaar voor was om een fijne jonge Joodse vrouw te ontmoeten om de rest van zijn leven mee te delen. Zij vertelde Sonja hoe zij de twee aan elkaar wilde introduceren. Weinig geluk te hebben gehad met mannen in Nederland, ging Sonja ermee akkoord om geïntroduceerd te worden. Ze dacht dat ze niets te verliezen had en er alleen maar iets mee kon winnen.

Mevrouw Van der Velde schreef naar John, *"Ik heb een leuk meisje voor je. Zij werkt als een verpleeghulp in het Joods ouderenhuis hier in Amsterdam waar ik werk. Ik zal jou bij haar introduceren en de rest is dan aan jou."*

Sonja en John begonnen te corresponderen, brief na brief aan elkaar. Zodra een brief was ontvangen, werd het gelezen en direct beantwoord. Zij stuurden foto's naar elkaar en hielden elkaars foto's naast hun bed.

Toen Sonja de foto van John aan Ro liet zien, zag zij direct de verbazingwekkende gelijkenis tussen John en Hans. Hans was Ro's verloofde voor de oorlog, over wie zij later vernam dat hij overleden was in Auschwitz. Als je het je herinnert, was Sonja verliefd op Hans en vertelde Ro dat wanneer ze niet met hem zou trouwen, zij het zou doen. Dat is wanneer Ro wist dat Sonja met John zou trouwen en naar Canada zou verhuizen. Als Sonja en John trouwen, was het in zekere zin alsof zij met Hans zou trouwen omdat ze zoveel op elkaar leken. Ro was blij voor Sonja, maar ook verdrietig omdat zij wist dat haar zus haar achter zou laten.

Het ironische was dat toen John de eerste keer een foto zag van Sonja, hij overdonderd was door de sterke gelijkenis die zij had met Margo, het mooie meisje waar hij verliefd op was in Manilla net na de oorlog. Hij wist dat hij op dezelfde manier van Sonja zou houden.

Is het gewoon toeval dat Hans en Margo zo veel leken op John en Sonja? Is het niet opmerkelijk hoe zij beiden jaren later hun zielsverwanten vonden die hen zo ontzettend veel herinnerden aan hun geliefden uit het verleden? Uiteraard geloofden zij beiden dat ook dit, *zo had moeten zijn*. Bij het zien van elkaars foto's, was er direct een aantrekkingskracht op basis van de goede gevoelens die zij hadden voor degenen om wie zij lang geleden zo veel gaven. De grote vraag bleef bestaan, of de chemie tussen hen persoonlijk er nog steeds zou zijn wanneer zij elkaar in persoon zagen.

John was heel eerlijk in al zijn brieven. Hij had geen pretenties over wie hij als persoon was en wat hij te bieden had. Sonja was onder de indruk van zijn eerlijkheid en was er niet bezorgd over dat hij niet heel veel geld had. Zij was blij te weten dat hij een harde werker, eerbaar en betrouwbaar was. Dit betekende voor haar meer dan geld ooit zou kunnen kopen. Zij maakte zich geen zorgen over geld. Alhoewel zij goede kwaliteit kleding, schoenen en benodigdheden om te leven waardeerde, was mijn moeder één van de minst materialistische en makkelijkst te onderhouden vrouwen die ik ooit gekend heb. Hoe ouder ik word, hoe meer ik me realiseer hoe veel ik in dit opzicht op haar lijk. Ik leerde van haar om meer te geven om de echte dingen van waarde zoals gezondheid, mensen en relaties ten opzichte van modieuze kleding, dure juwelen en andere materiële zaken.

Al na vier maanden van corresponderen besloten John en Sonja dat het tijd was om elkaar te ontmoeten. John plande om zijn vakantiedagen in Nederland met Sonja door te brengen.

Hun verwachtingen groeiden naarmate de ontmoeting steeds dichterbij kwam. Zij konden zich bijna niet meer inhouden met hun oplopende ongeduldigheid en opwinding. Bij iedere brief telden zij letterlijk de dagen af. Geen van hen had ooit tevoren zulke intense positieve emoties voor een andere persoon ervaren. Ze waren als verliefde tieners. Het enige voor hen was om te zien of zij persoonlijk hetzelfde zouden voelen als dat zij door de brieven deden.

De dag was eindelijk daar. John arriveerde in Nederland en zij zagen elkaar voor de eerste keer. Er werd een foto genomen toen zij aankwamen in Sonja's appartement. Onderstaande foto is mijn favoriete foto van hun tweeën.

Foto van John & Sonja in Sonja's appartement toen zij elkaar voor het eerst ontmoetten in Nederland.

De gezichtsuitdrukkingen op hun gezichten en hun blik in hun ogen wanneer zij elkaar aankijken geeft mij een gevoel van blijheid die nooit weggaat. Ik herinner mij dat zij mij vertelden dat zij beiden direct voelden dat er geen weg terug was. Zij wisten dat *het zo moest zijn* dat zij samen voor het leven zouden zijn, en zonder aarzeling trouwden zij op 29 juli 1960, met een burgerlijk huwelijksceremonie in Amsterdam. Nu zij legaal man en vrouw waren zou het het makkelijker maken en sneller gaan voor Sonja om te emigreren naar Montreal in Canada.

Je vraagt je misschien af hoe ik zo veel weet over wat er in de eigenlijke brieven staat. Na mijn moeders overlijden op 14 januari 2004, had ik de pijnlijke taak om al haar persoonlijke bezittingen uit te zoeken en te sorteren. Haar ladenkast leeg makend, vond ik tot mijn grote verrassing al mijn ouders' liefdesbrieven in een tas, netjes weggestopt achterin in een van de lades. Mijn moeder was niet iemand die zich vasthield aan dingen van het verleden. Zij hield niet van rommel, maar ze was verstandig genoeg om deze brieven te bewaren.

Ik herinner me dat ik de tas opende en mij niet realiseerde wat erin zat. Toen zag ik de brieven met al de bijbehorende gestempelde enveloppen die gedateerd waren van maart tot oktober 1960. Er waren geen woorden om te omschrijven hoe vervuld en opgetogen ik mij in mijn hart voelde. Ik was opgewonden van ongeloof en tegelijkertijd kon ik mezelf er niet toe brengen om ze direct te lezen. Ik las er één of twee hardop tegen mijn vader maar kon ze nauwelijks uitlezen door een mist van opkomende tranen. Het werd zo erg dat ik niet eens meer de woorden op de pagina kon zien en bang was dat mijn tranen de inkt zouden laten vloeien. Na enige tijd was ik in staat om ze allemaal te lezen, brief na brief, woord na woord.

Er zijn 204 pagina's van brieven, allemaal handgeschreven in het Nederlands. Godzijdank kan ik vloeiend Nederlands lezen en begrijpen. Het was negen jaar na mijn moeders overlijden dat ik wist dat ik klaar was om de brieven te lezen. Eindelijk pakte ik de stapel in mijn handen en las ze nauwgezet en vertaalde iedere brief naar het Engels.

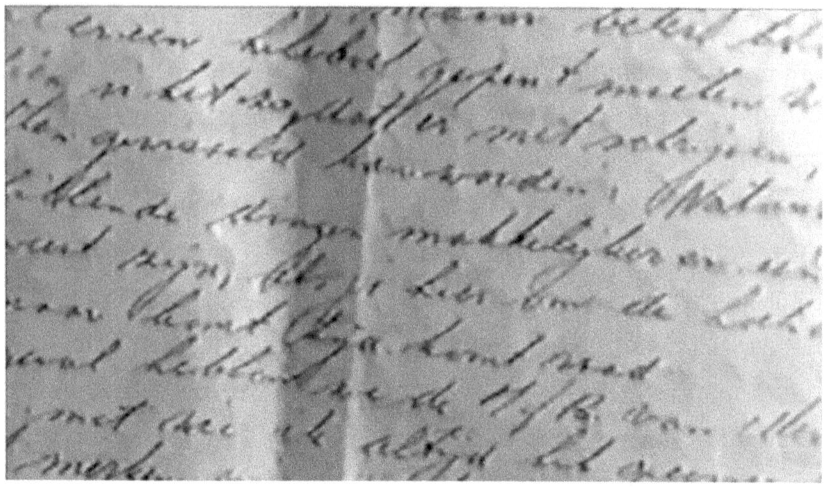

Foto: Uittreksel van een brief van John aan Sonja

Ik hield een doos met tissues bij de hand. Ik raakte geobsedeerd door het vertalen van de brieven en kon me nauwelijks er toe zetten om iets anders te doen. Ik kon niet blijer zijn toen mijn vader zijn toestemming en zijn zegen gaf om de brieven naar het Engels toe te vertalen. Soms zat ik met mijn vader de brieven aan hem voor te lezen in het Nederlands en verwonderden zij hem. Hij zei dan tegen mij met een schaapachtige grijns, *"Heb ik dat geschreven? Ik wist niet dat ik zo romantisch was."* De brieven zijn echt mooi. Ik beschouw ze als een kostbare gift die zo veel inzicht in mijn ouders' psyche geven als twee jonge mensen die verliefd worden. Niet veel mensen krijgen de mogelijkheid om hun ouders op zo'n persoonlijk niveau te leren kennen zoals ze waren voordat ze in elkaars leven kwamen.

Hier zijn wat uittreksels uit de brieven die mij raakten. Zij laten echt zien welke persoonlijke waarden en wijsheden mijn ouders samen deelden.

Sonja:

Ik ben een erg eenvoudig meisje en wat je ziet is wat je krijgt. Ik geef mijzelf zoals ik ben. Ik hou van een gezellig thuisleven. Ik hou van zingen en goede muziek en naar het theater, een mooie opera of een concert gaan van tijd tot tijd. Ik heb een geweldige collectie van mooie muziek. Ik heb mijn ouders niet meer, maar ik heb nog steeds twee zussen; één in Nederland en een tweelingzus in Zweden. Jammer dat je helemaal in Canada woont, als je in Nederland zou wonen zou het zoveel makkelijker zijn om zo veel meer contact te kunnen hebben.

John:

Ik ben in Nederlandse maten gemeten 1 meter 65 en weeg ongeveer 77 kg. Mijn haar begint grijs te worden aan de zijkanten, maar dat komt waarschijnlijk omdat het leven voor mij niet zonder tegenslagen is geweest.

Sonja:

Ja, het leven is voor ons niet gemakkelijk geweest en we hebben veel geleden. Ik heb ook in de kampen in Duitsland en Polen verbleven, maar dat is iets wat we zo goed mogelijk moeten vergeten alhoewel dat niet gemakkelijk is om te doen. Het leven gaat door en we moeten vooruit kijken, ons lijden achter ons laten. Dat is waarom het zo belangrijk is om elkaar te begrijpen en om open en eerlijk naar elkaar te zijn... Voor wat betreft het gelovig zijn, dat ben ik niet, alhoewel, ik hou van tradities en van het huis een thuis maken op de speciale feestdagen omdat ik uiteindelijk in mijn hart een Jiddisch meisje ben, als dat is hoe je het wilt

*noemen. In mijn overtuiging ben je gelovig als je eerlijk door het leven
gaat en goed bent voor zo veel mogelijk mensen. Dit is hoe ik het zie: We
zijn op de wereld om elkaar te helpen. Veel mensen zijn gelovig voor de
uiterlijke schijn, naar buiten toe, dat is iets waar ik niet van hou. Ik ben
echt een gelovige, dus....*

*Elkaar begrijpen is een groot woord maar waar een wil is, is een weg.
Op de hele wereld zijn er geen twee mensen die exact hetzelfde zijn en
iedereen maakt fouten. Zodra je iets van fouten ziet moeten we proberen
het te uiten en erover te praten omdat je dan al op de goede weg bent.*

John:

*Je ziet er erg lief uit op je foto. Het ligt nu naast mij en dan is het net
alsof ik met je praat. Maar het voelt niet vreemd voor mij. Het is alsof ik
jou voorheen al gekend of gezien heb. Gek hè? Ik ben nog steeds van tijd
tot tijd een romanticus. Ik kan het niet helpen.*

*Vertel me iets meer over jezelf. Wat voor kleur ogen heb je? Hou je
van dansen? Welke dan? Waar woonde je in Nederland voordat je naar
Amsterdam kwam? Welke dingen doe je graag? Hou je van wandelen?
Ga je wel eens naar het wandelpark? Ik deed dat graag toen ik in
Amsterdam woonde. Ik vond dat heerlijk. Nou lieve Sonja, ik hou nu
weer op en tot dat we elkaar weer schrijven. De volgende keer een beetje
meer vanaf hier.*

Sonja:

*Ik hou ook van dansen, maar doe het bijna nooit omdat er zo weinig
mannen van mijn leeftijd zijn, de meesten zijn veel jonger en ik voel me
dan zo ongelukkig als ik op één van die avonden ben. Dus dan ga ik liever
niet. Nou, als jij in Amsterdam zou zijn, zou dat gezellig zijn. Dan
zouden we veel met elkaar praten, want men heeft behoefte aan iemand*

die je echt kan vertrouwen en je hart mee te delen, zonder iemand anders daarbij en elkaar te begrijpen. Wandelen doe ik graag en ik hou erg van de natuur, maar ik kan als meisje niet in mijn eentje in het wandelpark gaan zitten. Ik zou zeggen, kom op vakantie naar Nederland, dan zouden we samen naar het park kunnen gaan en kletsen.

John:

Je moet niet vergeten, dat als je voor zekerheid gaat, dat je je dan vergist. Ik heb geen dikke bankrekening of zulke relaties, maar ik ben een gewone jongeman die hard wil werken, en de tijd hier op aarde is te kort: er is nog zo veel te zien en van te genieten.

Sonja:

Ik heb zo'n gevoel dat ik jou jaren geleden heb gezien. Het is vertrouwd om zo met jou te spreken. Zou jou heel graag willen zien en met jou spreken omdat ik geloof dat onze karakters over veel dingen heen kunnen komen.

John besluit om zijn vakantie in Nederland door te brengen met Sonja. Zij tellen beiden de dagen af, maar Sonja wil niet dat haar emoties haar beheersen.

Sonja:

Of het iets tussen ons zal worden, zullen we tezijnertijd zien. We zullen elkaar leren kennen, en zien of we samen durven, maar zullen niets overhaasten omdat dat niet goed is. Wanneer we in het begin samen zijn, is alles heerlijk, maar we zullen beiden het moeten overdenken.

Ja, die kampen hebben ons niet veel goeds gedaan. Ik was ook in de kampen.... Ik heb ook veel ondergaan, en dat is waarom iemand meer begrip kan tonen voor een ander. Als iemand niet daar was, weet hij niet

*wat het is, en dat is ook een goed ding. Zingen is voor mij een grote
heling.*

John:

*Liefste Sonja, vind je het niet mooi dat we elkaar zo goed kunnen
begrijpen? Ik vind dat een echt goede basis, en als je gewoon met elkaar
kunt praten dan is dat heel mooi, dat is tenminste zoals ik het voel. Er
zijn genoeg zorgen in de wereld, en als we dat samen gemakkelijker
kunnen maken, waarom dan niet?*

*Je weet dat we allemaal naar een ideaal streven, maar ergens moeten
we een compromis sluiten. We zijn allemaal eenvoudige mensen met
fouten en defecten en willen met elkaar om kunnen gaan, dat is hoe ik het
vind. Vergeet niet dat we onze nodige ervaringen hebben en speciaal voor
jou, als je schrijft, dat je zo dicht bij de dood werkt, dat het leven eigenlijk
heel kort is en te kort is om weg te gooien, en aan de andere kant te mooi
om niet alles ervan te maken, daar dat het doel is van het universum om
elkaar blij te maken. Natuurlijk hoef je jezelf niet op te offeren, maar
kleine en indien nodig grote opofferingen, als je weet dat zonder, je de
ander gelukkig maakt. Het is meestal zo dat kleine dingen belangrijk zijn
die het huwelijk maken. Het is precies wat je er zelf van maakt.*

John bezoekt Sonja in Nederland en zij trouwen. John moet
terug naar Montreal en Sonja moet achterblijven in Nederland om
al haar zaken en papieren in orde te maken voor haar emigratie
naar Canada. Nu zij getrouwd zijn, kunnen zij nauwelijks
wachten om weer samen te zijn.

Sonja:

*Nu moeten we sterk zijn en afwachten, en de tijd zal zeker komen,
ook al duurt het voor ons beiden nog zo lang. Ook ik vind het heerlijk als
ik intens denk aan mijn John, dan gaat er zo'n fijn gevoel door me heen.
John, wat meer kan ik schrijven dan dat we echt van elkaar houden, zo*

puur en oprecht. Ik vind het heerlijk dat jij zo veel van mij houdt, maar dat is van mijn kant hetzelfde, en ik verlang erg naar je.

Ik denk dat het vinden van de brieven geen simpel ongeluk of toeval was. Het heeft *zo moeten zijn*. Ik had geen idee toen ik ze vond dat ik er een boek over zou schrijven en hun verhalen zou delen. Ik wist alleen dat het een gift was en dat ik het voor de rest van mijn leven zou koesteren. Zoals eerder aangegeven, was ik niet in staat om ze direct te lezen, omdat het te moeilijk was zo snel na het overlijden van mijn moeder. Alhoewel, tegen de tijd dat ik er klaar voor was om ze allemaal te lezen, had ik al besloten dat hun verhaal er één was die de wereld verdiende om te horen. Dat was wanneer ik mij committeerde om hun onvergetelijke verhaal te delen door middel van dit boek, mijn spreektour en als een film. Mijn hoop en wens is dat mijn vader nog zal leven om dit allemaal te zien. Ik geloof echt in mijn hart dat mijn moeder ook bij mij is gedurende dit hele proces waar zij dan ook mag zijn in het universum.

In reflectie op mijn moeders complete vertrouwen en geloof in mijn vader en hun ontstane liefde voor elkaar, heb ik het uiterste respect en bewondering voor mijn moeders dapperheid. Verhuizen naar een nieuw land voor een man waar ze verliefd op was geworden door te corresponderen, met wie ze persoonlijk nauwelijks tijd had doorgebracht, heel weinig wetend van het land waar ze naartoe zou gaan verhuizen en niet eens Engels sprekend, was echt een wonder.

Sommige mensen denken dat ze gek was om zoiets te doen. Zij dachten aan alle risico's die zij nam en vroegen zich af hoe zij haar hele leven, familie en vrienden in Nederland achter kon laten voor zo veel onzekerheid. Wat zij niet begrepen is dat mijn moeder niet dacht over wat zij achterliet. Ze dacht alleen aan alles waar zij naar uitkeek, en alles wat ze te winnen had. Zij was niet bang om Engels te leren. Ze was niet bezorgd over wat als het niet goed zou uitwerken. Zij sprong er gewoon in met beide voeten, vol enthousiasme, begeerte en opwinding. Alles wat zij kon zien waren mogelijkheden. Ze zou alles nemen zoals het zou komen, één dag tegelijk, net zoals ze had gedaan in de concentratiekampen, omdat dat alles was wat je kon doen in die ontzettend onzekere omstandigheden.

Op 23 oktober 1960 arriveerde Sonja eindelijk in Montreal. John begroette haar uiteraard op het vliegveld met grote knuffels en kussen. Hij nam haar direct naar het huis van Rabbijn Spiro waar zij een week voor hun trouwen woonde. Conform het religieuze Joodse gebruik, is het de bruid niet toegestaan om de bruidegom zeven dagen voorafgaand aan de bruiloft te zien. Ik kan me niet eens voorstellen hoe moeilijk dit voor mijn ouders moet zijn geweest, in het bijzonder voor mijn moeder. Hier was ze dan met vreemden in een vreemd land en de taal niet sprekend. Sonja, dapper als ze altijd was, deed simpelweg haar best om zich aan te passen, mee te werken en 'met de stroom mee te gaan'. Daar de Rabbijn en zijn vrouw heel goede vrienden van John waren, waren zij verheugd om Sonja te verzorgen in hun huis. Het zal ook zo moeilijk zijn geweest voor mijn vader. Hij had eindelijk zijn geliefde Sonja bij zich en hij kon haar voor een hele week niet zien. De positieve kant ervan betekende dat het zo veel meer zou betekenen wanneer zij elkaar zouden zien bij de bruiloft.

John en Sonja hadden de Joodse trouwceremonie en de viering op een ongebruikelijk warme, mooie en zonnige dag op 30 oktober 1960, welke zij zagen als hun echte trouwdatum voor de volgende vierenveertig jaren. Het was een opgewekte en uitgelaten feest. Op de 8 mm thuisfilm van de bruiloft is het duidelijk te zien hoe Sonja de hele tijd verrukt, zingend, lachend knikte met de meeste gratie.

Na de bruiloft, vestigden John en Sonja zich in het eenkamerappartement op de begane grond dat John voor hen had gevonden toen Sonja nog steeds in Nederland was. John verfde de muren en zij richtten het appartement samen in. Sonja pakte de kratten met haar bezittingen uit die voorzichtig per boot vervoerd waren. Ze hield haar belofte van haar brieven om een warme, nette en gezellige huissfeer te creëren. Dit betekende de wereld voor haar. Zij had de vrijheid om eindelijk deze droom te vervullen en dus deed ze dit. En dat deed ze heel goed.

Ik geloof dat mijn moeders behoefte voor orde en kuisheid voor het grootste gedeelte in haar karakter zaten, alhoewel, ik mij ook afvraag of het vergroot was door de viezigheid, chaos en verschrikkelijke leefomstandigheden die zij onderging gedurende haar tijd in de kampen.

Deel II

Gezondheidsobstakels

Hoofdstuk 12

Sonja's kanker

In januari 1983 werd Sonja's leven nog een keer ondersteboven gekeerd. Zoals ze wist vanuit haar verleden, kan het leven in een seconde veranderen. Dat is exact wat er gebeurde toen zij uit de mond van haar dokter drie van de voor haar meest gevreesde woorden hoorde komen- *"Je hebt kanker."* Ze was pas vijfenzestig jaar oud. Ik was zeventien toentertijd.

Het schokkende nieuws van mijn moeders diagnose van kanker zette niet alleen haar wereld op zijn kop; het leven zoals ik het kende zou nooit meer hetzelfde zijn, ik herinner me dat ik mij erg verdrietig en boos voelde. Had zij niet genoeg geleden in haar leven? Ik kon dat gewoon niet begrijpen. Hoe kon ook dit, bedoeld zijn als dat *het zo had moeten zijn*? Ik was boos op God, zoals jij je wel zal kunnen voorstellen. Ook was ik erg bang. Ik herinner mij hoe doodsbang ik was om haar te verliezen. En hoe was het voor mijn vader om het verlies van zijn zielsverwant te verliezen op wie hij zijn hele leven gewacht had? Ik heb dit nooit uitgesproken naar hem. Na de eerste schok, realiseerde ik mij dat het niet aan mij was om me het af te vragen of te begrijpen waarom dit mijn moeder en mijn familie gebeurde. Het was juist iets voor mij om te accepteren en er zo goed mogelijk mee om te gaan. Dat betekende er voor mijn moeder zijn zoals zij er altijd voor mij was geweest. Ik zou moeten geloven dat haar kanker *zo had moeten zijn* ondanks hoe oneerlijk het leek.

Het begon met de ongewone buikpijn die mijn moeder had. Na enige medische onderzoeken bleek dat er bij haar één van haar eierstokken verwijderd moest worden. Het had een routine operatie moeten zijn, niks bijzonders. Alhoewel, tijdens de operatie zag de chirurg tot zijn verbazing en ontzetting dat de buikwand vol zat met kankergroei. Ze werd gediagnosticeerd met een zeldzame vorm van kanker genaamd, Primaire Peritonale kanker. Het was in het vergevorderde stadium, alhoewel het nooit naar voren was gekomen op één van de röntgenfoto's of scans en kwam dus volkomen onverwacht. De dokters verzekerden haar ervan dat de pijn in haar buik veroorzaakt werd door haar verstoorde eierstok en niet door haar kanker. Dit deed mij erdoor geloven dat als het bedoeld was dat zij kanker zou krijgen, dan het *zo zou moeten zijn* dat haar eierstok haar pijn zou geven zodat haar kanker ontdekt zou worden. Vanuit dit perspectief ernaar kijkend, vond ik het iets om dankbaar voor te zijn middenin de tragedie die het veroorzaakte. Dit maakte het voor mij iets gemakkelijker om er mee om te gaan en het te accepteren. Sindsdien heb ik geleerd dat als je hard genoeg zoekt, je meestal iets kunt vinden waar je dankbaar voor bent tijdens je uitdaging of in tijden wanneer het leven zo oneerlijk lijkt. Dit gezegd hebbende, het haalt de pijn niet weg, maar het maakt het net een beetje gemakkelijker te dragen.

Gebaseerd op wat er in de studieboeken staat over deze zeldzame vorm van kanker in dit vergevorderde stadium en de sterkste chemotherapiemethode in die tijd, hadden de doktoren niet verwacht dat mijn moeder langer dan twee jaar zou leven. Natuurlijk wisten niet met wie ze te maken hadden.

Na alles wat mijn moeder in haar hele leven tot dan toe geleden had, ben ik ervan overtuigd dat je het ermee eens zou zijn hoe gemakkelijk het voor haar geweest zou zijn om medelijden met zichzelf te hebben en het slachtoffer te zijn. Niet mijn moeder. Zij zou dat niet hebben. Toen de chirurg haar het angstaanjagende nieuws vertelde, keek zij in plaats hiervan hem recht in de ogen, wees naar haar getatoeerde nummer op haar arm en zei tegen hem, *"Ziet u dit nummer op mijn arm van Auschwitz? Hitler kreeg mij niet, en ook de kanker zal mij niet krijgen. Ik heb te veel om voor te leven."* Dit is echt opmerkelijk, denk je ook niet? Zij zou niet neergehaald worden door de kanker. Mijn moeder zou vechten met alles wat zij had.

Laten we het eens bekijken, mijn moeder overleefde zo veel en was net op een moment in haar leven beland dat ze haar droom leefde waarin ze een liefdevolle echtgenoot had, een gezellig thuis had met kinderen van zichzelf om lief te hebben en te verzorgen, wat ze niet zo maar bereid was op te geven. Ze overleefde de gaskamers in drie verschillende situaties. Ze overleefde verhongering en de verschrikkelijke levensomstandigheden van de concentratiekampen. Zij overleefde het verlies van haar familie, haar thuis, al haar materiële bezittingen en alle onschuld van haar jeugd. Ze overleefde de harde slavenarbeid en de slechte behandeling door de handen van haar duivelse gevangennemers. Als ze dat allemaal kon overwinnen, wist ze dat zij haar kanker ook zou overwinnen.

Met dezelfde dapperheid, veerkracht en vastberadenheid dat haar door haar geleden pijn, verlies en rampspoed had geleid, trotseerde mijn moeder al haar dokters verwachtingen. In plaats van de twee jaar dat zij hoopten dat mijn moeder nog zou leven, leefde zij voor nog eenentwintig jaar. Gedurende die jaren kwam de kanker vijf keer terug. Iedere keer veerde zij weer rechtop en vocht zij er weer tegen. Zij liet zich nooit neerslaan. Als je haar vroeg hoe het met haar ging, antwoordde zij in al die jaren met haar Nederlandse accent, *"Ik, ik ben net als de Energizer® batterijen, ik ga maar door en door."* Mijn ouders hielden deze kleine speelgoed Energizer® konijn op een muurtje in onze huiskamer wat mijn moeders 'doorgaanshouding' representeerde.

Ik had destijds geen idee hoe haar woorden, *"alleen maar door blijven gaan"*, later mijn leven zou beïnvloeden bij het hoofd bieden van mijn eigen kanker.

Hoofdstuk 13

Mijn beurt met Kanker

In januari 1995 werd mijn leven weer ondersteboven gegooid door kanker, alleen deze keer kreeg ik de diagnose. Ik was pas negenentwintig jaar oud toen de dokter mij de drie zelfde woorden vertelde als tegen mijn moeder – *"Je hebt kanker."*

Ongeveer zes weken eerder was ik wakker geworden met een gezwollen nek. Het was zo extreem pijnlijk. Ik dacht dat ik een allergische reactie had op iets wat ik die avond ervoor gegeten had. Ik zou willen dat ik dat geluk had gehad. Na het een paar weken in de gaten te hebben gehouden en mijn dokter een allergische reactie en de ziekte van Pfeiffer had uitgesloten, besloot hij mij voor een echo door te sturen. De resultaten van de echo lieten een mogelijkheid zien van Hodgkinlymfoom (een soort van lymfklierkanker) wat een chirurgische biopsie later bevestigde.

Vanaf het moment van de echo tot aan het moment van de diagnose voelde het alsof mijn leven stil stond. Wetend dat ik kanker "kon hebben" was verwoestend, maar er was tenminste nog een beetje hoop dat ik het "niet zou hebben." Ik deed mijn best om mij vast te houden aan de hoop dat het niet waar kon zijn – dat ik geen kanker had. Toen de biopsieresultaten terug kwam en mijn hoop en optimisme vervangen werden door de verpletterende realiteit van mijn bevestigde kankerdiagnose, werd ik overvallen door paniek. Enorme angst, stress en zorgen waren het gevolg toen ik me dingen begon af te vragen als, *"Wat gaat er met mij gebeuren?   Ga ik dood?   Hoe ga ik het mijn ouders vertellen, in het bijzonder aan mijn moeder die door haar eigen kankerbehandelingen gaat op hetzelfde moment? Wat gaat er gebeuren met mijn baan en mogelijkheid om inkomen te verdienen? Hoe gaan we het redden?"*

Het mijn moeder vertellen was één van de moeilijkste dingen wat ik ooit heb moeten doen. Ik wist dat het haar hart zou breken. In eerste instantie wilde ik het haar niet eens vertellen zodat ik haar kon beschermen voor de pijn in haar hart waarvan ik wist dat het zou veroorzaken. Echter, omdat ze in dezelfde periode door haar eigen kankerbehandelingen heen ging en ik daarom tijd met haar wilde doorbrengen, wist ik dat ik het haar zou moeten vertellen. Tenslotte, alleen al omdat ik er uit zou zien als een patiënt van kanker, zou het niet iets zijn wat makkelijk te verbergen zou zijn. Van alle mensen zou zij het wel beter weten.

Ik probeerde zo hard om positief en feitelijk te zijn toen ik haar het nieuws vertelde, maar toen zij in huilen uit barste, kon ik mijn eigen tranen ook niet langer inhouden. Ik herinner mij haar uitroepen tussen de snikken door, *"Oh God, waarom mijn jonge dochter? Geef het aan mij, ik kan het hebben, maar niet mijn kleine meisje. Waarom? Waarom?"* Het was niet makkelijk voor ons allebei. Ik werd zo in beslag genomen door mijn eigen wanhoop dat het pas veel later was dat ik mij realiseerde hoe moeilijk het ook moet zijn geweest voor mijn vader dat zowel zijn vrouw als dochter, twee van de mensen waar hij het meest om gaf in de wereld tegen kanker vochten op hetzelfde moment. De angst voor verlies moet voor hem ondraaglijk zijn geweest.

Ik wist niet toen ik de diagnose kreeg dat ik zoveel zou ontdekken gedurende de volgende negen maanden van chemotherapie over mijzelf, het leven en de positieve invloed van mijn ouders. Ik was in staat om enorme kracht te vinden door het reflecteren over hoe zij gevangenschap overleefden, hun levens heropbouwden, verliefd werden en trouwden, een gezin startten en grote gezondheidsproblemen overwonnen met eindeloos lef en vertrouwen. De kracht en positiviteit die ik erfde van hun ervaringen hielpen mij mijn kanker te verslaan en succesvol vele andere levensobstakels daarna te overwinnen. Ik ontdekte door mijn reis met kanker dat ik echt mijn ouders' nooit opgeven houding kon belichamen door mijn moeders mantra – *"Ik ga gewoon door en door."*

Ontdekking van de Kracht van Keuze

Vanaf het moment van mijn kankerdiagnose, werd ik heen en weer gegooid in een hele nieuwe wereld en taal. Alles in mijn leven draaide plotseling om kankerbehandelingen, ziekenhuisbezoeken, medicijnen innemen voor dit en dat en het managen van de hoeveelheid fysieke bijwerkingen zoals mijn haar verliezen, pijnlijke mondzweren en verschrikkelijke rugspasmes om er maar een paar te noemen. Ik herinner mij de ongelooflijke vermoeidheid wat ik niet gewend was als een persoon met veel energie. Ik had mijn moeder hier allemaal doorheen zien gaan en nu voelde ik me alsof ik helaas in haar voetsporen trad.

Ik haatte het proces dat ik mijn haar verloor. Ik voelde mij hierdoor zo machteloos. Met een zwaar gevoel in mijn buik zag ik mijn haar het doucheputje vullen en werd ik wakker met een kussen vol met haren. Op een dag realiseerde ik mij hoe machteloos mijn moeder zich gevoeld moest hebben tijdens alle keren dat zij haar haren verloor: als een kind wanneer haar moeder haar hoofd schoor om van luizen af te komen; wanneer de Nazi's haar hoofd schoren en zij haar haren op de grond zag vallen; en weer toen zij haar haren verloor door kanker, niet één keer maar meerdere keren. Geen enkele keer had ze iets te zeggen in deze gevallen. Ik herinner mij toen ze kaal was tijdens haar kankerbehandelingen hoe ze zei, *"Het is maar haar. Ik heb mijn haren al zo vaak verloren, dus ach. Het groeit weer terug."* Zij koos ervoor zich er niet druk om te maken. Ze nam het gewoon ter harte. Ze had het eerder meegemaakt en had er geen probleem mee om met haar kale hoofd door het huis te lopen. Als ze naar buiten ging, droeg zij een pruik. Maar toen haar haar terug begon te groeien, legde ze de pruik weg zo snel als ze kon.

Dit was hoe mijn moeder hier mee omging. Zij had gemakkelijk zelfmedelijden kunnen hebben. Zij had gemakkelijk kunnen kiezen om zichzelf te isoleren van anderen en zichzelf te schamen voor hoe zij er uit zag. Dat is wanneer ik mij realiseerde dat haar positieve houding om een keuze ging. Op dat moment stelde ik mezelf de vraag die alles weer ondersteboven gooide, een vraag die mij mijn leven weer terug gaf op mijn voorwaarden en mij hielp te begrijpen hoe ik van mijn ouders kon leren. Op dat moment stelde ik mijzelf deze ene leven veranderende vraag. Ik deed één van de meest belangrijke ontdekkingen die mij hielp om mijn kanker en vele andere tegenslagen in mijn leven te overwinnen. De vraag was – *"Wil ik echt door de komende negen maanden van chemotherapie met alle nare bijwerkingen gaan met mijn negatieve emoties van angst, zorgen en zelfmedelijden die mij van mijn positieve energie beroven die ik nodig heb om mijn strijd te vechten en mijn kanker te overwinnen?"* En dat was het.

Wat ik ontdekte met die ene simpele vraag was revolutionair. Ik ontdekte dat ik een ongelooflijke supermensenkracht in mij had. Het was dezelfde supermensenkracht die mijn ouders het mogelijk maakte om door te gaan ondanks al hun pijn, verlies en onzekerheid van niet weten van de één op de andere dag of zij nog zouden leven de volgende dag. Het was dezelfde kracht die mijn moeder gebruikte om haar te helpen haar kanker te overwinnen. Ik leerde dat ik mijn eigen superheld kan zijn omdat ik nu weet dat ook ik deze supermensenkracht heb. Wat geweldig is, is dat ik het altijd al had, ik realiseerde het mij alleen niet.

Door mijzelf die vraag te stellen, ontdekte ik dat ik de kracht had om te antwoorden met een simpel *Ja* of *Nee*. Dit betekende dat ik feitelijk een keus had. Het antwoord was gemakkelijk – *"Nee, ik wil de negatieve emoties van angst, zorgen en zelfmedelijden mij niet toestaan mij te blijven beroven van de positieve energie die ik nodig heb om te vechten in mijn strijd en mijn kanker te overwinnen."* Met dit antwoord was er geen ruimte meer voor ontkenning, angst, schuld of schaamte. Ik gebruikte de Kracht van Keuze om van angst naar vechten te gaan, van zorgenmaker naar strijder, en van slachtoffer naar overwinnaar.

Toen keek ik naar mijzelf in de spiegel met alleen een paar lokjes dunner wordend haar over op mijn hoofd en dacht aan de dappere houding van mijn moeder. Op dat exacte moment besloot ik om mijn Kracht van Keuze uit te oefenen door het haar wat nog over was te scheren. Ik zou toch sowieso kaal worden, dus ik beëindigde gewoon het langzame en pijnlijke proces om te wachten dat het vanzelf zou uitvallen. Het was mijn manier om er iets over te zeggen te hebben, wat mijn moeder niet altijd had gehad. Het moment dat ik het besluit nam, verspilde ik geen seconde. Ik zette het scheerapparaat op mijn hoofd en stopte niet voordat alle laatste haren weg waren. Het voelde ongelooflijk bevrijdend om iets van controle te hebben met mijn schoon geschoren hoofd.

Na het verliezen van mijn haar door kanker, besloot ik dat ik nooit meer zou klagen over een *bad hair day*. De waarheid hiervan was dat iedere *hair day* een *good hair day* voor mij zou zijn. Het liet mij me realiseren hoe gestrest ik kon worden omdat ik mij druk maakte om te streven naar er constant perfect uit te zien. Nu geef ik daar niet meer om. Natuurlijk streef ik er naar om er op mijn best uit te zien, maar als mijn haar er niet perfect uitziet, ik zie dat mijn make-up uitgelopen is, ik wat eten tussen mijn tanden heb zitten, of mijn tas niet perfect bij mijn schoenen past, wat maakt dat uit? Al de dingen waar ik mij druk en zorgen over maakte leken plotseling zo triviaal en onbelangrijk. Ik leerde ook door het proces van mijn haar verliezen, dat zelfs wanneer jij het gevoel hebt dat je niets te zeggen hebt over wat er gebeurt in jouw leven, er misschien positieve dingen zijn die je kunt doen om een gevoel van controle en zelfbekrachtiging terug te krijgen. Het heft in mijn eigen handen nemen door mijn hoofd te scheren gaf mij het gevoel alsof ik terug achter het stuur zat, en hoe onbetekenend dat het zal klinken, het liet mij me sterker voelen en meer in controle in een situatie waar ik erg weinig controle over had. Het enige waar ik controle over had waren mijn houding en keuzes. Ik ontdekte dat zelfs mijn houding uiteindelijk mijn keuze was, net als dat voor mijn ouders was.

Het herinnerde mij me wat mijn vader deed wat hij maar kon om controle terug te pakken over zijn verschrikkelijke omstandigheden tijdens zijn gevangenschap. Alles wat hij deed om zichzelf kracht te geven was afkomstig van een verlangen om ziekte te vermijden en positief te blijven. Ik denk aan hoe hij nauwgezet dat blik met pruimen opende met de spijker die hij op de vloer had gevonden om zijn constipatie te verlichten en zijn gezondheid te herstellen. Ik herinner mij hoe hij gaten in de cementzakken scheurde en deze over zijn kleren aantrok om warm te blijven en de inspecteur voor de gek hield met het nep laswerk zodat hij de laskleding kreeg om hem warm te houden. Ik verwonder mij over hoe hij zich vrijwillig aanmeldde om in de kolenmijnen te werken, alleen maar zodat hij zijn persoonlijke hygiëne kon verbeteren met een dagelijkse douche in plaats van één keer per tien dagen. Dit zijn geen dingen die hem gewoon gebeurden door te zitten en niets te doen. Hij oefende de Kracht van de Keuze uit om deze dingen te laten gebeuren. Hij herkende de mogelijkheden en maakte toen de bewuste keuzes om te handelen.

De oncoloog gaf mij aan dat ik mondzweren zou kunnen krijgen. Nou, heb je ooit kleine kankerzweren op je tandvlees of op de binnenkant van je wangen gehad? Dat kan een klein beetje pijn doen toch? Stel je voor dat de hele binnenkant van je wangen onder de kankerzweren zit. Dat is wat mij gebeurde als één van de vele miserabele bijwerkingen van de chemotherapiebehandelingen. Ik herinner mij dat ik mijn mond voor pijnverlichting met ijsklontjes vulde. Het was zo ontzettend pijnlijk! Dan waren er de ernstige constipatie en de verschrikkelijke spierspasmen in mijn rug. Oh ja, ik en mijn Demerol pillen werden goede vrienden. Normaliter ben ik niet iemand die pillen en medicatie inneemt, maar ik had er in dit geval geen problemen mee om mijn Demerol voor verlichting in te nemen. Ik denk oprecht dat verdovende middelen hun tijd en plaats hebben.

Ik had nooit eerder zo'n langdurige uitgebreide fysieke pijn en ongemak geleden als toen ik ondervond met mijn kankerbehandelingen. Het enige wat meer pijn deed was de beenmergtest die onderging voor mijn eerste behandeling. Ik herinner dat de dokter tegen mij zei, *"Ik ga een naald inbrengen in je bil om je huid te bevriezen, maar ik ben niet in staat om je bot te bevriezen. Als de naald je bot raakt, zal dat wat pijn doen."* Wat hij niet meldde was dat de pijn voor een volle vijf minuten ondraaglijk zou zijn. Ik herinner mij dat de zuster mij plat op de tafel hield. Zij bleef mij geruststellen dat het snel over zou zijn, maar de klok op de muur leek in slow-motion te zijn. Dat waren de langste vijf minuten van mijn leven.

Al die fysieke pijn en ongemak was heel vreemd voor mij. Ik wilde alleen maar mijzelf opkrullen als een bal en huilen. Maar dan dacht ik aan de pijn en het ongemak die mijn ouders verduurden gedurende de oorlog en hoe zij niet beschikten over de verdovende middelen, gezonde voeding, water en het comfort van een warm gezellig bed voor verlichting.

Foto: December 1995.
Sonja en Roslyn kort na het beëindigen van chemobehandelingen.
Zie het tattoo nummer van Auschwitz op Sonja's linkerarm.

Het deed mij me realiseren dat alhoewel ik leed aan fysieke pijn, dit niks in vergelijking was tot wat mijn ouders hadden geleden in de kampen. Ik maakte de bewuste keuzen om om te denken en uit mijn zelf-medelijden-feestje te stappen. Ik stopte en bedacht hoe gezegend ik was om in Canada te wonen, een land met zulke geweldige ziekenhuizen, dokters en een gesocialiseerd medisch systeem waar voor al mijn medische zorg betaald werd. Ik voelde mij bevoorrecht om toegang te hebben tot een fantastische dokter en een heel goede oncoloog die niet de meest warme behandelmanieren aan bed had, maar op zijn eigen manier zorgde dat ik altijd precies had wat ik nodig had van mijn kankerbehandelingen.

Ik was gezegend een baan te hebben wat een medisch zorgpakket aanbood zodat mijn pruik en medicijnen vergoed werden. Ik was net zes maanden voor de diagnose in die baan begonnen. Die baan krijgen was absoluut "meant to be" omdat het mij toestond vanuit huis te werken. Dit was echt een zegen omdat ik vanuit huis werkend mijn eigen uren bepaalde. Dit betekende dat wanneer ik mij niet goed voelde, ik naar bed kon om te rusten. Zo lang ik mijn quota's behaalde en al mijn taken uitvoerde, was ik in staat mijn full-time baan en salaris aan te houden.

Hoe ik de baan kreeg was echt een wonder, was "meant to be". Ik geloof dat het bedoeld was dat ik op dat moment die baan kreeg om mijn ervaring met kanker te verlichten. Ik had net een van 9 tot 5 kantoorbaan bij een reclamebureau opgezegd waar ik zo ongelukkig was dat het mij veel stress opleverde. Vanuit wanhoop en behoefte aan een salaris, nam ik een baan aan als een verkoper bij een autodealer. Ja wat ik je vertel is dat ik inderdaad auto's verkocht. Het had een gegarandeerd maandelijks inkomen en dat was alles waar ik om gaf. Ik was de allereerste vrouwelijke verkoper bij die dealer destijds in 1994. Ik wist dat het maar voor tijdelijk zou zijn totdat ik een baan zou vinden die beter bij mij paste. Ik was zeker niet in staat om te verkopen op de manier zoals zij mij trainden omdat ik geen dwingende persoon ben die hun script kon volgen. Dus ik vond mijn eigen weg in verkopen door mensen te behandelen zoals ik behandeld wilde worden.

Op een dag kocht een dame, genaamd Mary, een auto van mij en vertelde mij hoe blij zij was om te maken te hebben met een aardige vrouw in plaats van met een dwingende man die probeerde haar een auto te verkopen bij dezelfde dealer een week daarvoor. Ze was zo onder de indruk over hoe ik haar de auto verkocht dat zij mij het volgende vroeg *"Is dit jouw carrièrekeus? Als dat niet zo is weet ik een baan die perfect voor jou zou zijn, en ik denk dat vrouwen elkaar moeten steunen en helpen."* Ik vertelde haar dat auto's verkopen zeker niet mijn carrièrekeus was en dat ik heel graag wilde horen over de baan waarnaar zij refereerde. Zij vertelde mij hoe ik zou werken voor een uitgever in New York welke boeken verkocht aan groothandels verspreid over Oost Canada, maar dat ik in staat zou zijn vanuit huis te werken en alleen één keer per week aan mijn baas hoefde te rapporteren. Ik zou een bedrijfswagen krijgen en mogen reizen. Houd je mij voor de gek? Dit klonk alsof er een droom uitkwam. Ik hield van het idee om zelfstandig vanuit huis te werken en mijn baas maar één keer per week te spreken. Ik dacht dat het spannend zou zijn om voor een boekenuitgever te werken wetend dat ik op een dag zelf een gepubliceerd auteur zou zijn. Deze willekeurige vreemde aan wie ik een auto had verkocht stuurde vervolgens een aanbevelingsbrief alsof zij mij al heel mijn leven kende en ik kreeg uiteindelijk de baan. Wat mij betreft was het de bedoeling dat ik mijn baan opzegde bij het reclamebureau en auto's te verkopen zodat ik deze geweldige vrouw zou ontmoeten die mij hielp deze droombaan te krijgen. Wie wist destijds dat deze baan het beste scenario voor mij zou zijn tijdens het ondergaan van de kankerbehandelingen? Ik ben eeuwig dankbaar hoe alle omstandigheden op hun plek vielen. Als het bedoeld was voor mij om kanker te krijgen, dan ben ik op zijn minst dankbaar voor het hebben van de soort baan die mij het mogelijk maakte om een volledig inkomen te blijven ontvangen. Als ik niet het lef had gehad om mijn baan bij het reclamebureau op te zeggen op het moment dat ik het deed, uit angst voor verandering en het onbekende, dan was ik arbeidsongeschikt geworden en had ik een verlies in inkomsten geleden. Dit zou juist meer ongezonde stress hebben gecreëerd wat ik zeker niet kon gebruiken die tijd. Ongezonde stress is gif in de beste tijden, maar speciaal wanneer je vecht tegen kanker omdat het je immuunsysteem verzwakt en jouw helingsproces verstoort.

Omdat ik verhoogde niveaus van fysieke pijn en lijden verduurde die ik voorheen nooit ervaren had, bleef ik denken aan mijn ouders en alle ontberingen die zij ervoeren in de kampen. Het bleef mij herinneren aan hoe gezegend ik was om alle luxe van genoeg voedsel, medische zorg, vrijheid en comfort van huis die zij nooit hadden. Met dit alles in gedachten, zorgde het ervoor dat ik momenten dat ik zelfmedelijden had, ik dit snel kon stoppen. Met deze positieve houding, beschouwde ik mijzelf gelukkig. Het sterkte mijn beslissing en vertrouwen dat ik hier doorheen zou komen en net als hen deze rit zou moeten uitrijden. Ik oefende mijn Kracht van de Keuze uit door simpel dingen per dag te nemen, net zoals mijn ouders deden tijdens hun tijd van gevangenschap en hun na-oorlogse gezondheidsterugvallen.

Als ik terugdenk aan hoe mijn ouders beroofd werden van hun eigen moeders en vaders op zo'n jonge leeftijd, in het bijzonder mijn moeder waarbij haar ouders letterlijk bij haar weg getrokken werden voor haar ogen, vind ik het moeilijk om niet te huilen. Het is iets dat mij diep bedroefd maakt. Als een gevolg hiervan voel ik een enorme verbondenheid naar mijn ouders toe en een verlangen om deze leegte voor hen te vullen. Ik geloofde echt dat het mijn verantwoordelijkheid was om alle verlies, pijn en lijden goed te maken die zij ondergingen. Terugkijkend kan ik nu zien wat een enorme last dit voor mij was om op zo'n jonge leeftijd op mijn schouders te nemen. Ik voelde nooit druk vanuit mijn ouders. Ik had het mijzelf opgelegd. Ik vermoed dat ik niet het enige Tweede Generatie kind ben die zich zo voelt. Dit perfect moeten zijn in hun ogen, om hun constante goedkeuring te winnen en hen trots over mij te laten voelen hielp mij in sommige opzichten om mij gemotiveerd te houden om mijn best te doen op school en uit de echte problemen te blijven gedurende mijn tienerjaren.

Echter, toen ik opgroeide wist ik niet hoe anders te zijn, wat al mijn relaties beïnvloedde. Ik wilde gezien worden als perfect en altijd anderen het naar de zin maken met een constante behoefte aan goedkeuring en om bewonderd te worden. Ik geloof nu dat dit bewees dat het nadelig was voor mijn fysieke, psychische, emotionele en spirituele gezondheid en welbevinden. Voor wat betreft mijn kanker reis, maakten al deze overtuigingen het erg moeilijk voor mij om te vragen naar hulp en support. In plaats daarvan, deed ik alsof alles goed was en deed ik het constant alleen.

Dingen werden zo slecht met mijn overdreven zelfredzame houding, dat ik mezelf daadwerkelijk een stadsbus nam om mij naar mijn chemotherapieafspraken te brengen. Mijn man destijds – let op hoe ik destijds zeg – wilde geen vrij vragen van zijn werk. Een taxi nemen was te duur. Ik had geen familie om op terug te vallen en ik wilde niet mijn vrienden vragen voor de angst om als een last te worden ervaren of als zwak en behoeftig te worden gezien. Dus daarom koos ik voor het openbaar vervoer. Hadden wij het ons kunnen veroorloven om een taxirit te betalen één keer per drie weken? In de realiteit zou ik nu moeten zeggen *"Ja natuurlijk."* Ik vermoed dat ik toen voelde dat ik het niet waard was en dat ik net zo goed een stadsbus kon nemen om een paar dollars te besparen. Hoe belachelijk. Wanneer je met chemotherapie bezig bent, wordt jouw immuunsysteem drastisch gecompromitteerd doordat je veel gevoeliger bent om kou te vatten, voor griep en alle andere soorten ziekten en aandoeningen. Kun je je voorstellen wat voor risico's ik nam met al die bacteriën vliegend in de lucht door hoestende en niezende mensen?

Op een dag kwam het ter sprake in een gesprek met mijn vriendin Liz dat ik een stadsbus nam naar mijn chemotherapieafspraken. Zij zei iets in de trant van *"Wat, ben je gek? Je kunt niet de bus nemen. Dat is belachelijk. Ik zal jou brengen. Je moet mij op mijn mobiele telefoon bellen zodra je klaar bent. Dan pik ik je op en breng je naar huis."* En natuurlijk was mijn automatische kniestootreactie om te zeggen wat ik altijd zei *"Nee, nee, dat is niet nodig. Ik ben oké."* Houd je mij voor de gek? Ik was niet oké. Ik was helemaal niet oké. Dat is wanneer het mij als een baksteen trof. Hoe kon ik dat niet eerder ingezien hebben? Ik realiseerde mij dat ik er altijd was voor mijn vrienden wanneer zij hulp en ondersteuning nodig hadden net als dat mijn ouders er altijd waren voor hun vrienden in nood. Dat is wat zij mij altijd hebben geleerd om te doen. Zoals mijn moeder zei in haar brieven naar mijn vader – *"We zijn op de wereld om elkaar te helpen"*. Dat was een sterke overtuiging die zij beiden deelden en mij bijbrachten zolang ik mij kan herinneren. Dus waarom wilde ik een vriendin mij niet laten helpen in mijn tijd van nood? Dit is waar één van die leven veranderende vragen mij plotseling raakte *"Was ik niet een autorit door een vriend waard naar en van het ziekenhuis tijdens mijn kankerbehandelingen?"* De essentie van deze vraag was *"Ben ik het niet waard?"* Als ik haar vriendelijke aanbod niet accepteerde, wat zou dat zeggen over mijn eigen eigenwaarde? Natuurlijk was ik dat waard. Dat is wanneer ik mijn Kracht van Keuze beoefende voor mijn eigen belang en ik blij accepteerde.

Dit was wanneer ik ontdekte dat door het accepteren en ontvangen van hulp, ik niet gezien werd als zwak en behoeftig of als een last, maar juist als menselijk en kwetsbaar net als iedereen op deze wereld. Dat was een groot ontwaken voor mij.

Ja, mijn ouders leerden mij hoe groot te zijn in de aanwezigheid van moeilijkheden. Zij leerden mij over volhoudendheid en dat ik altijd de Kracht van Keuze had in hoe ik mijn uitdagingen onder ogen zie. Echter, in het toepassen van deze houdingen gedurende mijn eigen kanker ervaringen, zoals we hebben gezien, leerde ik ook dat het niet alleen over een dapper gezicht opzetten gaat. Ik leerde dat het oké is om je open te stellen en kwetsbaar te zijn in omstandigheden waar een helpende hand, een positief woord, een fijne gedeelde ervaring, of simpel een schouder om op te huilen een betekenisvol verschil kan maken.

Wat als sterk en groots zijn ook betekenen het laten gaan van angst, schaamte en schuld en in staat zijn om uit te reiken en hulp van anderen te accepteren omdat je net zo veel waard bent als ieder ander? Ik denk aan hoe mijn moeder leunde op haar zussen voor ondersteuning en aanmoediging en wat dat voor haar betekende om door te gaan tijdens de oorlog. Ik denk aan mijn vader leunend op zijn mede-gevangenen hem opliftend wanneer hij zich down voelde, en hoe de jeugdgroep in Manilla zijn geestelijke gezondheid redde terwijl zovelen veel erger leden door zichzelf te isoleren. Beiden kozen ervoor om zichzelf te omgeven met de positiviteit van anderen als bronnen voor kracht en inspiratie. Dus wanneer ik tegen een probleem of crisis aanloop in mijn leven, weet ik nu dat ik het niet in mijn eentje hoef te doen. Ik zal vragen om hulp en ondersteuning wanneer ik het nodig heb of gewoon wil. Ik zoek positieve mensen uit om mij heen en vermijd om mijzelf compleet te isoleren. Ik weet nu dat door mijzelf te isoleren en niet om hulp of ondersteuning te vragen voor angst om als een last te worden gezien, de enige persoon die ik echt lastig val aan het eind van de dag ikzelf ben. Ik weet dat ik het waard ben omdat ik vind dat jij het bent en wij het allemaal zijn.

Ook al kiezen we niet voor de moeilijke uitdagingen en pijnvolle tegenslagen die onze kant op komen, zoals we niet ons lot kunnen kiezen, net als mijn ouders niet die van hun kozen en ik niet koos. Echter hebben wij de Kracht van Keuze om of te blijven doen of alles oké is wanneer het niet zo is, of we kunnen eerlijk zijn en wijzere keuzes maken met ons welbevinden in gedachten voor zover dat in onze macht ligt. Bijvoorbeeld, je zult er niet voor kiezen om een hartaanval te krijgen, maar om het risico te minimaliseren, heb je de Kracht van Keuze om te stoppen met roken, gezond te eten, je gewicht te managen, genoeg rust te nemen en je stress te reduceren. Als je al een gezonde leefstijl leeft en toch een hartaanval krijgt, kun je erop vertrouwen dat jij jouw deel hebt gedaan om het te voorkomen en heb je de Kracht van Keuze in hoe je ermee omgaat in de meest positief mogelijke houding.

Reflecterend op alle obstakels die mijn ouders overwonnen, ontdekte ik dat ik net als mijn ouders, de Kracht van Keuze had. Ik dacht aan alle verschillende keuzes die zij maakten. Mijn moeder had in elkaar kunnen duiken voor de duivelse bewaker die het pistool tegen haar hoofd richtte om haar een misdaad te laten bekennen die zij niet gepleegd had. Zij maakte de keuze om tegen hem op te staan. Zij had zich met haar eigen zaken kunnen bemoeien en hiermee het gemakkelijkere pad van zelfgenoegzaamheid kunnen kiezen toen het aankwam op de veiligheid van de tweelingmeisjes die voorbestemd waren voor het kwaad van Mengele, maar zij maakte de keuze om het risico te nemen om tussenbeide te komen met de bedoeling om hun levens te redden. Na haar negatieve ervaringen met afspraken met mannen in Nederland, had zij begrijpelijkerwijs een gesloten geest en een hard geworden hart kunnen hebben en daardoor de uitnodiging van mevrouw Van der Velden om met mijn vader te korresponderen kunnen afwijzen. In plaats daarvan, maakte zij de keuze om het risico te lopen en haarzelf open te stellen voor de potentie en mogelijkheden van liefde en romantiek met een vernieuwd gevoel van hoop en optimisme. Toen mijn vader haar ten huwelijk vroeg en te emigreren naar Canada, had zij nee kunnen zeggen uit angst voor het onbekende en haar leven in Nederland achter te laten om naar Canada te gaan met zoveel onzekerheid. In plaats daarvan koos zij om een nieuw leven te starten, het onbekende met opgeheven hoofd aan te gaan, dingen per dag op te pakken. Toen zij gediagnosticeerd werd met kanker, na alles wat zij doorgemaakt had, zou het veel gemakkelijker zijn geweest om zelfmedelijden te hebben en gewoon op te geven. In plaats daarvan, koos zij met alle macht om er tegen te vechten. Dit waren allemaal voorbeelden van haar om haar Kracht van Keuze uit te oefenen.

Als mijn moeder niet die dappere en grote keuzes had gemaakt, had ze wellicht niet eens de kampen overleefd. Misschien had de bewaker haar gedood en was zij te zwak geweest om tegen hem op te staan of had zij haar angst laten zien. Misschien waren de tweelingmeisjes onderworpen aan verschrikkelijke experimenten of gedood en zou zij de rest van haar leven met schuld en schaamte hebben geleefd voor het niet helpen toen zij dat wilde en wist dat ze het had gekund. Misschien was ze nooit getrouwd en daarom haar droom om een gezin groot te brengen hebben misgelopen als ze niet ervoor had gekozen om met mijn vader te korresponderen. Als dat zo was, was ik er zeker niet geweest vandaag. Misschien had haar kanker haar leven veel eerder geclaimd als zij niet zo'n sterke geest en wil om te leven had gehad.

Mijn vader heeft ook vele keuzes gemaakt die hem hielpen zijn leven te redden. Zoals we zagen, maakte hij constant keuzes om te doen wat hij kon om warm te blijven, ziekte te vermijden en zich sterk te houden zo goed als hij kon. Hij had de Kracht van Keuze om wel of niet vrijwillig in de kolenmijnen te werken. Iedereen wist hoe gevaarlijk het was om te werken in de mijnen, maar hij maakte deze keuze ongeacht de gevaren. Hij vertrouwde erop dat hij het kon overleven en wilde juist heel simpel de dagelijkse douche dat het werken in de mijnen hem zou toestaan. Hij had de wil om het risico te nemen. Zijn keuze om risico's te nemen en zijn vermogen om mogelijkheden te zien en hiernaar te handelen waren grotendeels wat zijn leven redden. Dit was naast de wonderen.

Veel van de mogelijkheden die zich voordeden, in zijn geval, waren in feite de wonderen. Als je denkt aan de stapel cementzakken die daar lagen te wachten op hem, de spijker op de vloer welke er voor hem lag om het blik met pruimen te openen, het al gelaste stuk metaal dat daar gewoon lag voor hem om de inspecteur voor de gek te houden, de mogelijkheid om te werken in de kolenmijnen, de kranten die hij in zijn oren stopte om zijn gehoor te beschermen, de advertentie voor vliegtuigtechnici in Montreal net wanneer hij een baan nodig had, het lijkt allemaal bedoeld om zo te zijn. Mijn vader ziet het zeker zo. Zelfs als je alleen gelooft in gewone toevalligheden, zou je moeten bekennen dat zoveel toevalligheden achter elkaar bij dezelfde persoon behoorlijk mysterieus is, denk je ook niet?

Na de oorlog, maakte hij de keuze om zijn leven in Nederland achter zich te laten en te emigreren naar Canada. Hij had alleen vijftig dollar in zijn zak, maar dat hield hem niet tegen. Hij had het lef en de vastberadenheid om in dat arbeidsbureau al voor vier hele dagen te zitten totdat er een passende mogelijkheid zichzelf voordeed. Als hij er op dat moment niet gezeten had, is het erg waarschijnlijk dat iemand anders de baan had gekregen. En natuurlijk was daarna de één na beste keuze om te werken in de kolenmijnen, denk ik mijn moeder te vragen om met hem te trouwen. Die keuze maakte hem het mogelijk om eindelijk te hebben waar hij al van droomde sinds hij een jongeman was - een wederzijds liefdevol en blijvend huwelijk, gebaseerd op liefde, vertrouwen en commitment, en een gezin grootbrengen samen als man en vrouw.

Wij moeten allemaal keuzes maken in ons leven. Mijn moeder liet heel duidelijk haar angsten niet haar keuzes beïnvloeden. Zij heeft wellicht precies dezelfde angsten die jij of ik zouden hebben gevoeld als wij in haar schoenen hadden gestaan in één van de situaties die ik deelde, maar ze liet haar angsten haar niet verlammen. Zij liet haar angsten haar niet stoppen om de echte keuze te maken die zij wilde maken en haar ware zelf in ere te houden. Het zou zo gemakkelijk zijn geweest om toe te geven aan haar angsten net als dat het zo gemakkelijk zou zijn geweest om toe te geven aan haar kanker, maar toegeven was niet haar keuze. Ze koos iedere keer voor het moeilijkere pad. Het deed haar goed en maakte iedere keer mijn moeder een sterker persoon. Ik geloof dat deze keuzes haar hebben geholpen in het leven met kanker zo lang als zij deed ondertussen iedere verwachting van de dokters trotserend.

Kijk eens op hoeveel andere levens mijn moeder's keuzes impact hebben gehad. Zij redde haar zuster's leven toen haar zus bereid was om op te geven en dood te gaan. Door het redden van haar zuster's leven, maakte zij het mogelijk voor alle generaties om te volgen. Zij redde de levens van de tweeling. Zij gaf haar hart aan mijn vader en samen brachten zij mij en mijn broer op de wereld. Het is belangrijk om te herkennen dat wanneer je jouw angsten erkent en ervoor kiest om er boven te gaan staan, die risico's te nemen en uit jouw comfortzone stapt voor een beter leven, het niet alleen jou en jouw leven beïnvloedt. Je helpt een mogelijkheid voor een beter leven voor één of meer individuen wiens levens ook geraakt zullen worden door jouw betere keuzes.

Ik zeg "de mogelijkheid" omdat niets gegarandeerd is. Risico's nemen en uit je comfortzone stappen om te gaan voor wat je wilt in het leven betekent niet dat het gegarandeerd is dat je het krijgt precies zoals jij wilt, wanneer jij het wilt en hoe jij het wilt. Soms lopen dingen niet precies zoals gepland. Soms valt het slechter uit en andere keren zelfs beter. Bijvoorbeeld, dat ik op 29-jarige leeftijd kanker kreeg, was niet een deel van mijn levensplan. Dat was mijn eerste harde les dat het leven zeker niet altijd gaat zoals jij het plant. Zoals we keer op keer hebben gezien, kunnen dingen ineens veranderen. Dat heb ik ook van mijn ouders geleerd.

Kijk eens naar hoe hun levens ineens veranderden toen zij gevangen werden genomen, zij allemaal leden, en mijn moeder terug kwam in haar huis in Nederland om daar vreemden te vinden die daar woonden en mijn moeder die kanker kreeg. Alhoewel, in mijn eigen ervaringen en in die van anderen heb ik keer op keer gezien dat het vaker wel dan niet beter is een harde keuze te maken, om het risico te nemen, te proberen en een mogelijke fout te maken, of zelfs te falen, dan het niet eens te proberen. Soms is er een groot succes en soms een diepe teleurstelling, maar mijn motto is om gewoon te accepteren wat er ook gebeurt, leer ervan, en ga verder. Blijf jezelf eraan herinneren hoe je door moeilijke uitdagingen bent gekomen en vernieuw constant die kracht in je om door te gaan.

Door de inspiratie van mijn moeders' kracht en lef, koos ik ook voor het moeilijkere pad in mijn gevecht tegen kanker. Als zij het kon, dan kon ik het ook. En als wij dat konden, dan kun jij dat ook. Het is jouw keuze. Ik moedig je aan om jouw keuzes te overwegen met welke uitdagingen je ook te maken hebt bijvoorbeeld met je gezondheid of wat dan ook. Als je doorgaans het gemakkelijkere pad volgt van zelfgenoegzaamheid of de minste weerstand en het heeft je vastgehouden en je ongelukkig bent, dan moedig ik je aan om je pad te heroverwegen.

Misschien ben je bang voor de consequenties en zit je vast in de beperkende gedachte van *"Wat als ik faal of een fout maak? Wat als ik afgewezen word, niet leuk word gevonden of bewonderd?"* of je maakt je zorgen over *"Wat als ik niet goed genoeg ben, of als het niet verloopt zoals ik het wil?"* Misschien is het tijd om een nieuwe houding aan te nemen van *"Wat als het mij lukt? Wat als dingen verbeteren? Wat als ik nog steeds geaccepteerd en geliefd word? En als dingen niet perfect verlopen, nou en?"*

Ik ben niet mijn tegenslagen

In het verslaan van mijn kanker, leerde ik van mijn moeder om te stoppen met mijzelf te indentificeren als een kankerpatiënt. Ja, kanker had haar lichaam geclaimd, maar ondanks alle behandelingen, ziekenhuisbezoeken, bijwerkingen en al het lijden, liet zij het nog steeds niet haar geest stelen. Zij inspireerde mij om hetzelfde te doen om mijn kanker te verslaan. Tijdens ieder familie of vriendenfeest, stond mijn moeder klaar met een lach en een lied. Zo lang als zij het fysiek aan kon, stond zij met heel haar hart te zingen.

Tijdens mijn eerste huwelijk in 1992, zat mijn moeder voor de derde keer midden in kankerbehandelingen. Toen het tijd was voor familieleden om hun speeches voor te dragen, koos mijn moeder ervoor om in plaats daarvan te zingen. Zij zong een Jiddisch slaapliedje dat ze zong voor mij toen ik een kind was. Het heet *Schlof mein kind*. De rijkdom van de mooie melodie van het lied gecombineerd met haar zingen vanuit haar ziel zorgden voor geen droog oog meer in het huis. Mij werd verteld hoe alle dames erna in de badkamer hun make-up weer in orde maakten na alle tranen. Zij was in staat om volledig van het moment te genieten omdat ze exact deed wat ze anders gedaan zou hebben ongeacht haar kanker. Zij dacht niet aan haarzelf als haar kanker net zoals zij zich niet identificeerde als haar lijden en verlies in het verleden als een Holocaust slachtoffer. Zij gaf er de voorkeur aan om haarzelf te zien als wie zij op elk moment was ondanks haar verleden of huidig lijden. Ik definieer mijzelf niet als mijn problemen omdat ik niet mijn problemen ben. Toen ik worstelde met voedings- en gewichtsproblemen, moest ik mijzelf eraan herinneren dat ik niet mijn voeding- en gewichtsproblemen was, omdat ik niet mijn lichaam was. Als ik financiële angst had, moest ik mijzelf eraan herinneren dat ik niet mijn schuld was. Toen ik rouwde over de dood van mijn moeder, moest ik mij eraan herinneren dat ik niet mijn rouw was.

Geïnspireerd door mijn moeders' houding van pure kracht en positieve geest, vierde ik mijn dertigste verjaardag te midden van vrienden in een comedy club lachend om de humor en capriolen van de komedianten. Ik leerde om mijn kanker mij niet naar beneden te laten trekken of mijn fysieke verschijning als een kankerpatiënt mij ervan te weerhouden om uit te gaan, sociaal te zijn en te genieten van speciale momenten met familie en vrienden. Ik ken zo veel kankerpatiënten die zichzelf alleen kunnen zien in relatie met hun kanker. Zij laten het hen naar beneden trekken en isoleren zichzelf van familie en vrienden. Zij vieren niet hun verjaardagen omdat zij niet willen erkennen dat ze een jaar ouder zijn om de angst niet te weten hoeveel verjaardagen zij nog mogen vieren. Ben je gek geworden? Ik ben gewoon blij om te leven. Ik wil iedere verjaardag omarmen en vieren, ongeacht welke leeftijd. Mijn ouders deden hetzelfde. Zij maakten altijd een groot iets van verjaardagen omdat zij wisten hoe het leven te appreciëren. Niemand van ons weet hoeveel verjaardagen we nog kunnen vieren of we nu kanker hebben, een andere levensbedreigende ziekte of niet. Het leven is een gift. Het is dierbaar. Ik geloof dat we ieder moment moeten vieren door gewoon te doen wat we kunnen om onze innerlijke rust en dankbaarheid te behouden en helpen om een positief verschil te maken in het leven van anderen.

Tijdens het doorlopen van mijn kankerreis, vertelde iemand mij over een man die ook negenentwintig was en kort daarvoor gediagnosticeerd was met dezelfde kanker. Hij kwam in een diepe depressie terecht. Hij ging van het ergste uit en besloot dat dit het einde was voor hem. Hij kon niet meer van de bank af komen en stopte volledig met naar het werk te gaan. Hij sloot zich af en isoleerde zichzelf van zijn vrouw en familie en weigerde deel te nemen aan enige sociale evenementen. Zich schamend voor zijn verschijning als een kankerpatiënt, wilde hij niet dat zijn vrienden hem zonder haar zouden zien en met zijn verlies van gewicht. Hij stond de kanker toe om niet alleen zijn lichaam maar ook zijn geest te claimen.

Ik bood aan om met hem te praten als hij ondersteuning wilde van iemand die zijn ervaringen deelde. Hij was niet geïnteresseerd. Het is niet aan mij om te oordelen omdat het zijn keuze was. Later hoorde ik dat na een paar maanden zijn vrouw er genoeg van had en hem had verlaten. Mijn toenmalige man ondersteunde mij niet in de manier die ik nodig had en graag wilde, maar hij verliet mij tenminste niet in die periode. Misschien had hij dat wel gewild wat ik niet weet, maar hij bleef tenminste bij mij. En daarvoor ben ik hem dankbaar. Ik voelde mij zo verdrietig voor deze jongeman. Ik vraag me af hoe het met hem gaat en of het hem gelukt is om dingen voor zichzelf te keren. Ik vraag me af of hij zijn kanker heeft overwonnen en of zijn vrouw ooit naar hem terug is gekomen.

Veel mensen gaan door het leven, achteruitkijkend in hun achteruitkijkspiegels, daarbij niet in staat de vele geplaveide wegen met potentie en mogelijkheden voor zich te zien. Door achteruit te kijken of vast te blijven zitten in het moment, riskeren zij te crashen. Zij staan hun moeilijke verleden of huidige omstandigheden toe om hun toekomsten te dicteren en geloven niet dat zij hun pad kunnen veranderen. Ik verspil geen tijd om teleurgesteld achterom te kijken. Ik weet dat wanneer ik dat doe, ik de potentie en mogelijkheden zal missen die op mij kunnen staan te wachten.

Ik kan alleen maar hopen dat deze jongeman voor de lange termijn zijn kanker heeft overleefd en een manier heeft gevonden om verder vooruit te kijken. Mijn wens voor jou is dat of je wil overwegen het verleden in het verleden te laten, leer ervan en kijk in plaats daarvan waar je nu staat en waar je wilt zijn in de toekomst. Dan is het gewoon een kwestie van in kaart brengen van je reis om daar te komen. Zoals mijn moeder aan mijn vader schreef in één van haar brieven - *"Het leven gaat door en we moeten naar voren kijken en ons lijden achter ons laten."* Het mag dan niet een rechte en gemakkelijke weg om te komen waar je wilt zijn. Er zullen wellicht een aantal ongeplaveide wegen of hobbelige wegen of wegen vol met kuilen zijn. Misschien verdwaal je zelfs wel eens, maar als je op jouw eindbestemming wilt aankomen, moedig ik je aan om te geloven en erop te vertrouwen dat je je weg zult vinden.

Ik herinner mij niet dat ik ooit verdrietig was door de angst om dood te gaan tijdens het ondergaan van mijn kankerbehandelingen. Ik ben nog steeds niet bang voor de dood. Wat mij banger dan doodgaan maakt is dat ik niet voluit leef wanneer ik nog steeds hier ben. Ik ben banger voor pijn dan ik voor de dood ben, dus ik werk hard om zo gezond en blij mogelijk te leven door het omarmen van de Kracht van Keuze in mijn houding, vooruitzicht en acties in de dingen waar ik controle over heb. Daarnaast is alles wat ik kan doen is mijn lot accepteren en met alles wat op mijn drempel van mijn leven arriveert op een zo'n positief mogelijke manier omgaan. Zoals mijn vader altijd zegt, *"Wat zal zijn zal zijn."*

Wanneer ik ben vastgelopen in een sleur, denk ik aan mijn moeder's dapperheid en vastberadenheid. Ik denk aan hoe zij haar Kracht van Keuze uitoefende in haar positieve mentale houding dat haar door liet gaan net als de batterijen. Ik denk aan mijn vader's voorstellingsvermogen en vindingrijkheid gedurende de oorlog in het kiezen van dingen buiten de gebaande paden die een bepaalde hoeveelheid van risico inhielden.

Ik geloof dat dingen bedoeld zijn en we hebben de kracht om ons lot te accepteren en niet in ontkenning te leven, maar dat betekent niet dat we ons bij ons lot moeten neerleggen. Als jij te maken hebt met gezondheidsproblemen of andere persoonlijke uitdagingen, nodig ik je uit om aan mijn ouders en mij te denken en jouw eigen vechtmentaliteit in jezelf te vinden en door te gaan en nooit op te geven.

Het begrijpen van de Kracht van Waardering

Het probleem met de Kracht van Keuze, is zoals ik het zie, dat we niet altijd voelen dat we een keuze hebben, of wel? Laten we eerlijk zijn, onze wereld is zo snel dat de meesten van ons alles vergetend om ons heen, te druk zijn met rondrennen als een kip zonder kop. Constant op de automatische piloot, proberend onze eindeloze Te-Doen lijsten bij te houden en problemen om op te lossen, zijn we in toenemende mate nalatig in de dingen waarvan ik geloof er het meest toe doen voor onze gezondheid, relaties en algemeen gevoel van welzijn en eigenwaarde.

En hoe hard we ook werken, naar hoeveel wij ook streven, hoeveel we hebben, voor velen van ons lijkt het nooit genoeg. Zo veel mensen hebben het lastig met blij zijn met wat zij hebben. Waarom? Ik geloof dat het is omdat er altijd meer, nieuwer, groter en beter is om te hebben. Dat is gewoon wat onze maatschappij waardeert heden ten dage, in het bijzonder in Noord-Amerika. We vergeten dat wij de kracht hebben om te waarderen wat we hebben, in plaats van te focussen op alles wat er mist. Het beoefenen van onze Kracht van Waardering maakt ons machtiger in het aangaan van onze problemen en een blijer leven te leven.

Ik ken zo veel mensen die streven naar een groter huis, een mooiere auto en meer en meer spullen en geld. Het gaat allemaal om meer hebben, groter, beter. Mijn vraag is wanneer is genoeg genoeg? En het grappige is dat ik mensen ken die veel minder hebben dan anderen en die veel gelukkiger en dankbaarder zijn dan degenen met meer, dus denk daar maar eens over na.

Er zijn mensen die heel erg rijk zijn en alles wat zij doen is streven om nog meer geld te verdienen. Als dat hetgeen is dat hen blij en oprecht gelukkig maakt, dan is dat geweldig voor hen. Ik weet alleen dat dit niet de instelling voor mij is. Ik zie hen continu streven om harder en harder te werken en meer en meer druk op zichzelf uitoefenen om een toenemende royale leefstijl te kunnen veroorloven. Ik ben er niet om enig oordeel te geven. Ik houd er gewoon persoonlijk van om een simpeler, minder gestresste leefstijl te leven waarvoor ik niet zo hard hoef te werken om het te kunnen behouden, wat voor mij minder stress betekent. Voor mij betekent minder stress, meer rust. Het gaat er om wat iemand prefereert en belangrijk vindt. Na het begrijpen van de stress die mijn ouders doorstonden en het verliezen van mijn gezondheid aan kanker, is mijn doel om het leven zo simpel en stressvrij als mogelijk te houden.

Ik herinner me dat een vriend van mij mij vroeg wat ik het allerliefste wilde in het leven. Haar doel was om meer geld te hebben om een groter huis te kopen. Ik moest er even over nadenken. Ik realiseerde me dat wat ik echt wilde, meer dan iets anders, rust was. Dus ik maak mijn beslissingen in het leven met dat onderliggende doel in gedachten. Als een keuze die ik op het punt sta te maken, op enige manier in conflict zal komen met mijn behoefte aan rust, dan zal ik die keuze heroverwegen en mogelijke alternatieven overwegen.

Ik geloof dat ik deze manier van denken van mijn ouders heb geërfd. Mijn ouders waren niet materialistisch. Zij zijn nooit het type mensen geweest die het grootste en het beste van alles moesten hebben. Zij gaven altijd uit binnen wat mogelijk was en hadden nooit het gevoel dat zij iets moesten bewijzen naar iemand met dingen zoals het merk van kleding dat zij droegen of de auto die zij reden. Mijn vader bezat maar één gloednieuwe auto in zijn leven en hij was tachtig jaar oud toen hij deze kocht. Ik herinner mij hem ook dingen zeggen zoals, *"We zijn niet jaloers op anderen die meer dan wij hebben. We zijn blij met wat we hebben."* Dit kwam vanuit een diepe dankbaarheid voor alles wat zij bereikt en gekocht hadden sinds de oorlog.

Mijn ouders hadden gedeelde waarden als het op geld aankwam. Zij waren beiden meer spaarders dan uitgevers, en waren altijd eenvoudig en wijs met hun geld. Sparen voor de toekomst was belangrijk voor hen, omdat zij geen financiële zorgen wilden wanneer zij ouder waren. Na niks meer te hebben gehad in de oorlog en hoe moeilijk het was om hun levens weer op te bouwen, enige financiële zekerheid betekende de wereld voor hen. Ik geloof dat deze behoefte aan zekerheid ook afkomstig was van hun behoefte om altijd op het onverwachte voorbereid te zijn. Tot op de dag van vandaag herinnert mijn vader er mij aan hoe het leven plotseling kan keren, net zoals het voor hem en mijn moeder was, dus het is belangrijk om voorbereid te zijn.

Ik geloof dat ik deze manier van denken heb geërfd. We waren altijd een familie die wat ik noem 'voor het geval dat' dachten. Mijn moeder zei *"Neem een trui mee voor het geval het koud wordt,"* of *"Zorg dat je wat extra geld bij je hebt voor het geval je het nodig hebt."* Tot op deze dag ben ik zeker een 'voor het geval dat' meisje, altijd vooruit denkend over wat zou kunnen gebeuren en dat ik er klaar voor moest zijn. Ik denk niet dat er iets mis is met deze manier van denken, grotendeels afhankelijk van hoe ver je hierin gaat. Soms moet ik mezelf dwingen om iets luchtiger te zijn omdat je niet altijd kunt voorspellen wat 'zou' kunnen gebeuren. In het leven denk ik dat het nodig is om te vertrouwen op wat er ook gebeurt, je een manier zult vinden om ermee om te gaan. Alhoewel, tegelijkertijd houd ik ervan om onnodige rouw, discomfort of stress waar mogelijk te vermijden. Dit past binnen mijn behoefte naar rust en eenvoud.

Ik heb zeker dezelfde waarden met betrekking tot geld geërfd van mijn ouders. Ook ik ben nooit te materialistisch ingesteld geweest of heb de behoefte gevoeld om iets te bewijzen naar anderen. Ik heb nooit de behoefte gevoeld naar een groot huis of mooie auto. Ook ik houd ervan om verstandige investeringen te doen en geld op de bank te hebben voor het geval iets onverwachts zich aandient en ik mijn zelfde niveau van inkomen niet kan verdienen. Ten slotte, als een overlever van kanker weet ik uit eerste hand hoe het leven plotseling kan veranderen.

Wat ik geleerd heb van mijn ouders is dat tevreden zijn, dankbaar zijn en je gezegend voelen voor alle goede dingen in het leven, andere geweldige dimensies zijn van de Kracht van Keuze. Ik noem dit de Kracht van Waardering. Voor mij is dankbaarheid genade. Met ons constante streven voor meer, groter en beter, hebben velen van ons ons gevoel van genade verloren. We zijn te veel bezig met het focussen op alle dingen die we missen in ons leven, de dingen die we niet hebben en de dingen die we willen, dat we vergeten om ons heen te kijken en dankbaar te zijn voor wat we hebben. Ik geloof echt dat we de bewuste keuze om te waarderen wat we hebben moeten maken als we willen "oplichten", balans herwinnen en ons gewoon beter willen voelen.

Mijn rolmodel voor de ware betekenis van de Kracht van Waardering is mijn vader. Na alle pijn en lijden welke hij meegemaakt heeft en getuige te zijn geweest van de ergste onmenselijkheid terwijl hij machteloos luisterde naar het gehuil van de troostmeisjes, en vriend door het hoofd te zien worden geschoten, lukte het hem nog op één of andere manier om hiervan "weg" te komen en te voelen dat zijn leven nog steeds gezegend was. Tot op deze dag focust hij zich op zijn zegeningen, zijn gevoel van dankbaarheid voor alle goede dingen in zijn leven. Veel mensen vinden dit moeilijk te geloven en kunnen het niet begrijpen gezien de verschrikkingen in zijn verleden.

Hoofdstuk 14

John's Hartaanval

In november 1989, zes jaar na mijn moeder's kanker-diagnose, kreeg mijn vader een zware hartaanval. Hij was pas zevenenzestig jaar oud. Ik was vierentwintig op dat moment. Ik geloof dat na deze hartaanval en de noodoperatie van een vijfvoudige by-pass zijn waardering voor het leven nog meer groeide dan dat het al aanwezig was.

Ik zal nooit vergeten hoe ik over mijn vaders' hartaanval hoorde en wat er daarna gebeurde. Ik werkte part-time bij een videozaak naast dat ik naar de universiteit ging en ik was net gearriveerd voor mijn avonddienst. Het andere enige meisje dat die avond werkte zei tegen mij toen ik aankwam, *"Jouw moeder heeft net gebeld en zij zal je zo terug bellen."* Mijn moeder had mij nog nooit op het werk gebeld, dus ik wist dat het belangrijk zou zijn. Niets had mij kunnen voorbereiden voor wat er daarna gebeurde.

Mijn moeder belde na een paar minuten terug en vertelde mij zo rustig als zij kon, *"Je vader heeft een hartaanval gehad en is in de eerste hulp bij het Joods Algemeen Ziekenhuis"*. Ik herinnerde mij dat ik in zo'n shock verkeerde dat ik enige tijd nodig had om de realiteit van haar woorden te laten bezinken. Toen begonnen de tranen over mijn wangen te stromen. Ik vertelde mijn moeder dat ik er direct aan kwam en legde de telefoon neer. Ik legde uit aan mijn collega wat er aan de hand was, pakte mijn spullen en ging richting de deur. Er was geen enkele klant in de winkel. Mijn collega zag dat ik in tranen wegliep en zei tegen mij met een erg strenge stem, *"Waar denk je dat je naartoe gaat?"* Ik vertelde haar wat er gebeurd was en dat ik vertrok naar het ziekenhuis om bij mijn vader en moeder te zijn. Je zult haar woorden niet geloven die vervolgens uit haar mond kwamen. Zonder enige medeleven zei zij tegen mij, *"Wat bedoel je dat je weg gaat? Je kunt niet vertrekken. Wie moet er dan de vuilnis buiten zetten?"* Niet te geloven! Dat was haar grootste zorg? Voor deze ene keer zou zij de vuilnis buiten moeten zetten. Ik zal mijn verbazing nooit vergeten over hoe iemand zo egoïtisch en onzorgzaam, zo ongevoelig en onattent, zo koud en met gebrek aan empathie en menselijkheid kon zijn. Ik kon mij niet druk maken over de vuilnis of dat ik ontslagen zou worden omdat ik wegliep. Wat verdrietig dat iemand zo harteloos kon zijn. Zonder terug te kijken om haar belachelijke vraag te beantwoorden, negeerde ik haar en liep ik de deur uit. Het enige aan dit deel van het verhaal is dat ik denk dat het bedoeld was dat mijn moeder mij telefonisch kon bereiken omdat zij wist dat ik op het werk zou aankomen. Dit was de tijd voordat er mobiele telefoons waren, dus op zijn minst kreeg ik het nieuws en kon ik zo snel mogelijk aan mijn vaders' zijde zijn.

Mijn arme moeder vertelde mij hoe zij per ongeluk in een verboden gedeelte terecht was gekomen waar zij door een klein deurraam keek en de dokters en zusters de electroden op mijn vaders borst gebruikten om hem weer tot leven te brengen. Zij was getuige van het hele proces en was er van overtuigd dat zij hem kwijt was. Ik kan mij de diepte van haar angst en zorg niet voorstellen die zij gevoeld moet hebben. Toen zag zij hem voor haar ogen terug tot leven komen. Gelukkig, want zowel zij als ik waren er niet aan toe om hem te verliezen.

Op het moment dat ik aankwam bij het ziekenhuis, was mijn vader al op de IC. Ik was zo blij en opgelucht om hem levend te zien. Het eerste wat hij tegen mij zei was een opmerking over mijn oorbellen die ik droeg die hij als een cadeau had gekocht op zijn recente reis in Indonesië. De oorbellen, gemaakt van pauwenveren, zijn echt mooi. Ik heb deze oorbellen altijd gekoesterd sinds toen. Als ik terugdenk, kan ik het niet helpen dat ik verwonderd was dat deze man net een zware hartaanval gehad en dat ik die speciale oorbellen in had die hem lieten lachen en hem een moment van blijheid bracht.

Het wonder in dit verhaal dat *zo bedoeld was te zijn*, is dat hij net terug was van een reis van Indonesië een week voordat hij de hartaanval kreeg. Dit was een reis die hij zelf had ondernomen om een aantal zaken te regelen inzake het graf van zijn moeder. Als hij de hartaanval een week eerder had gehad, zou dat in Indonesië zijn geweest. Gebaseerd op de meer primitieve medische faciliteiten in de afgelegen gebieden waar hij reisde, is het zeker dat hij het niet overleefd zou hebben. We waren allemaal zo dankbaar voor deze meevaller, toeval of hoe je het ook wilt noemen, dat wij ervoor kiezen om te geloven dat dit *zo heeft moeten zijn*.

Hij kreeg een vijfvoudige bypass operatie. Ik had nooit eerder van vijfvoudige by-pass gehoord. Het hoogste waar ik over gehoord had was viervoudig. Hij kwam uit de operatie en toen was het tijd om thuis te komen, te helen en zijn normale leven weer op te pakken.

Ik zal het nooit vergeten dat mijn vader thuis kwam. Het was de eerste keer dat ik me kan herinneren dat ik mijn vader zag huilen. Hij liep door de deuropening en nam mijn moeder in zijn armen en hield haar vast voor heel lang. Hij was zo dankbaar om te leven.

Net als hij God bedankte toen 1) hij net op tijd uit het bijgebouw kwam voor de schuilkelder, 2) de grote metalen plaat die naar beneden viel op het met stro gevulde teengedeelte van zijn schoen wat zijn voet redde en welke als het een paar centimeters de andere kant op was gevallen het op zijn hoofd was gevallen en hem gedood had en 3) hij was onder de grond in de kolenmijnen toen de bom op Nagasaki werd gegooid, dankte hij God nu nog een keer dat hij zijn hartaanval kreeg in Canada en niet in Indonesië.

Als hij die daar had gehad, hoe zouden we dan hebben geweten wat er gebeurde? Had hij ons telefoonnummer in zijn portomonnaie als een noodcontact? We zouden zo paniekerig en hulpeloos zijn geweest en niet in de mogelijkheid om naar hem toe te gaan, niet wetend waar hij was. Het zou nog een ergere tragedie zijn geweest dan het al was. Als het bedoeld was om een hartaanval te krijgen, kreeg hij het tenminste op een plaats en op een tijd waarop zijn overlevingskansen veel groter waren en wij bij zijn zijde konden zijn.

Mijn vader heeft zo hard gewerkt om een plaats in zijn leven te bereiken, waar hij eindelijk gepensioneerd was, in een huis dat hij bezat en waar hij trots met zijn vrouw en kinderen woonde die van hem hielden. Hij was echt gelukkig. Hij wilde niet toestaan dat de hartaanval hem naar beneden haalde. Hij was juist nog dankbaarder dan ooit, speciaal nu dat zijn leven hem bijna ontnomen.

Hoofdstuk 15

Het Waarderen van onze Ware Rijkdom

Nu ik dit boek schrijf, wordt mijn vader op drieën- negentigjarige leeftijd dankbaar wakker voor een nieuwe dag. We spreken elkaar elke morgen. Ik zeg tegen hem in het Nederlands, *"Goedemorgen Papa, Hoe gaat het met jou?"* En dan reageert hij typisch met iets als, *"De zon schijnt, "Ik had net een heerlijk ontbijt," of "Ik voel me beter wanneer ik jou spreek."* Regen of zonneschijn, hij begint altijd met iets positiefs te zeggen. Zijn hele optimistische houding en gedragswijze komen van een plaats van diepe waardering en dankbaarheid. Hij waardeert niet alleen alles wat hij heeft, hij is ook het soort persoon die zijn dankbaarheid naar anderen uit. Hij zegt altijd tegen mij, *"Dankjewel voor het telefoontje,"* of, *"Dankjewel voor het bezoek,"* of *"Dankjewel voor al je hulp."*

Omdat ik vaak voor mijn werk reis, is het soms erg moeilijk om van mijn vader weg te zijn. Ik heb door mijn eigen schuldgevoelens heen moeten werken om niet altijd dichtbij te zijn. Wanneer ik in dezelfde plaats als hem ben, maak ik er een punt van om bijna dagelijks quality-time met hem door te brengen. Ik ben dankbaar dat hij zelfs met zijn drieënnegentig jaar, hij zeer bedreven is op een computer en we in staat zijn om elkaar live te spreken met Skype.

We spreken elkaar meerdere keren telefonisch per dag. Ik weet dat sommige mensen dat extreem vinden, maar het is gewoon wat we doen en het werkt goed voor ons. Niet in de buurt zijnd, vind ik het door de dag heen fijn om te weten dat hij oké is en natuurlijk betekent het de wereld voor hem dat we constant in verbinding zijn, vooral wanneer ik hem niet persoonlijk kan zien iedere dag. Ik heb gelezen over Holocaust overlevenden en hoe deze constante behoefte aan verbinding niet ongebruikelijk is binnen deze unieke groep mensen. Ik maak zeker deel uit van de statistieken.

Veel van mijn vrienden bewonderen de speciale relatie die ik heb met mijn vader omdat zij nooit zo'n soort relatie hebben gehad met hun vaders. Voor mij is het normaal, maar ik weet wel beter dan het als vanzelfsprekend aan te nemen. Ik begrijp mijn vaders' waardering, niet alleen voor het leven, maar alle kleine momenten die iemands leven maken. Bestaat het leven ten slotte niet uit een reeks momenten?

Wanneer het over waardering gaat, was er één ding dat altijd heilig was in huis toen ik opgroeide, en dat was de waardering voor voedsel. Erg weinig werd verspild. Ik herinner me hoe mijn moeder culinaire wonderen kon verrichten met maar een paar kliekjes. Ik ben zo dankbaar om deze vaardigheid van haar geërfd te hebben. Tot op heden heb ik er moeite mee om voedsel in de vuilnisbak te gooien. Je moet je herinneren dat mijn beide ouders wisten wat het betekende om honger te hebben en verstoken van voedsel te zijn. Daarom werd voedsel met respect behandeld. Mijn ouders zorgden ervoor dat we gezond aten en dat de koelkast en kasten altijd goed bevoorraad waren. Ik herinner me dat mijn moeder mij vaak naar de keuken riep en we naast elkaar stonden voor de open koelkast en zei, *"Kijk wat een fijne koelkast, zo gevuld met voedsel. We zijn rijk, lieverd."* Als volwassene kijk ik soms naar mijn eigen koelkast en herinner me haar woorden. Ik denk dan bij mezelf *'Ik ben inderdaad rijk.'*

Ik geloof dat rijkdom in vele vormen komt en niet alleen gemeten kan worden in financiële rijkdom. Rijkdom is een koelkast gevuld met goed voedsel, een familie die van elkaar houdt en samen tijd spendeert, een warm en uitnodigend huis met alle benodigdheden. Rijkdom is een goede nacht slapen en in de morgen wakker worden, uitgerust en zin hebben om een nieuwe dag te starten. We zijn rijk wanneer we kunnen zien, horen, proeven en ruiken. We zijn rijk wanneer onze lichamen mobiel en gezond, onze gedachten kalm en helder zijn en onze geest verheven is. Een sleutel naar meer geluk is om dit allemaal te herkennen en onze ware rijkdom te waarderen.

Mijn vader zegt nog steeds tot op de dag van vandaag, *"Alles is bedoeld om te zijn."* Hij kijkt dan grappend over zijn schouders, en alsof sprekend tegen iemand zegt hij dan, *"Ik weet niet wie je bent, maar sowieso bedankt."* Ik houd van deze uitspraak omdat het zijn geloof impliceert dat er iemand luistert en over hem waakt. Hij wil gewoon verzekeren dat wie het ook is, of wie het zijn, weten dat hij dankbaar is voor alle zegeningen in zijn leven. Hij wordt soms een beetje gefrustreerd omdat zijn gedachten niet zo scherp zijn als dat ze waren. Hij vergeet soms namen en zijn korte-termijn geheugen vervaagt. Dit kan gerelateerd zijn aan zijn Parkinson's ongemak of misschien gewoon oude leeftijd, maar hij neemt het ter harte en als de ware John Franken laat hij het hem niet naar beneden trekken. *"C'est la vie"*, zal hij zeggen wat Frans is voor *'Dat is het leven.'* Dat is zijn manier om zijn acceptatie uit te drukken. Hij accepteert dingen die hij niet kan veranderen, omdat hij niet het nut ziet om iets anders te doen.

Ik heb van hem geleerd hetzelfde te doen. Er zijn dingen in het leven die ik niet kan veranderen. Ik kan mijn verleden niet veranderen. Wat er gebeurd is, is al gebeurd en dat is zo. Het enige wat ik kan veranderen over mijn verleden is hoe ik er tegenaan kijk en wat ik kies om ervan te leren. Bijvoorbeeld, ik kan verbitterd zijn over mijn gefaalde eerste huwelijk, of ik kan de verbittering laten gaan en gewoon het feit waarderen dat wanneer dat huwelijk niet beëindigd was, ik niet de persoon zou zijn die ik nu ben. Mijn pad zou behoorlijk anders zijn geweest als ik nog steeds getrouwd zou zijn met mijn eerste echtgenoot. Ik kende mijzelf toen niet zoals ik mijzelf nu ken. Ik had niet hetzelfde niveau van eigenwaarde die ik nu heb. Eigenlijk moet ik hem bedanken voor mij te helpen de gezondere, sterkere en blijere persoon te worden die ik ben geworden. Door mij te laten gaan, heeft hij mij bevrijd. Ik wist dit toentertijd nog niet toen mijn ego meer dan iets anders gewond was. Alhoewel, terugkijkend kan ik nu zien hoe *alles bedoeld was te zijn*. De negatieve ervaringen van mijn eerste huwelijk stoken eigenlijk een dieper gevoel van waardering die ik heb voor mijn echtgenoot vandaag.

Mijn ouders hadden een diepe waardering voor dingen die velen van ons als vanzelfsprekend zouden nemen zoals een koelkast vol met voedsel, een fijn huis en genoeg geld om een comfortabel leven te leiden met een kleine extra voor een moeilijke periode. Ik leerde ook hiervan om alles dat ik heb te waarderen. Ik geloof dat nadat je door een crisissituatie of een pijnlijke levensterugval dat je totaal ontspoort van je normale levensloop, je een dieper gevoel van dankbaarheid kunt winnen, en je weer contact maakt met wat echt belangrijk en betekenisvol is. Ik koester mijn zegeningen dagelijks en bedank wie het ook is die over mij waakt die dag, mij veilig en gezond houdt met een geweldige echtgenoot, een mooi huis en alle levensbenodigdheden. Alles wat ik daarbij nog ontvang zijn allemaal kersen op de taart.

Wanneer ik gefrustreerd raak door iets en mijzelf zielig begin te voelen, denk ik aan mijn vader en alle zegeningen in mijn leven. Ik denk aan hoe dankbaar ik ben voor alles wat ik heb en ontvang, ongeacht wat er zou missen. Ik ben dankbaar voor het volgende in willekeurige volgorde: mijn vrijheid; mijn fysieke, mentale, emotionele, sociale, financiële en spirituele gezondheid; mijn opvoeding; het voedsel in mijn koelkast; het dak boven mijn hoofd; de mensen waar ik van hou en die van mij houden; een liefdevolle echtgenoot; een goede opleiding; een voldoeninggevende carrière en zoveel meer.

Een paar jaar geleden, las ik een prachtig book genaamd *De Top 5 Spijt van de Stervenden* (The Top 5 Regrets of the Dying) waarin de auteur, Bronnie Ware, mensen aan het einde van hun leven interviewde. Zij vroeg hen wat hen het meeste speet nu zij gingen overlijden. Hetgeen mij het meeste raakte was, *"Ik zou wensen dat ik mijzelf blijer had laten zijn."* Ik voelde mij zo verdrietig voor deze mensen wanneer ik dit lees omdat zij nog zo weinig tijd over hadden en zij gevuld waren met zo'n belangrijke spijt.

Mijn doel is om mijn leven vandaag en elke dag zo te leven dat ik aan het eind van mijn leven geen spijt heb. Ik geef mijzelf toestemming om vandaag gelukkig te zijn en iedere dag gelukkig te zijn. Na het reflecteren over mijn ouders' verschrikkelijke ervaringen en de tegenslagen die ik heb gehad met het omgaan van kanker, scheiding, werkonzekerheid, financiële zorgen, een verschrikkelijk auto-ongeluk en de dood van mijn moeder, is mijn houding dat ik het verdien om gelukkig te zijn en dat ik het waard ben om gelukkig te zijn. Ik ben het aan mijzelf verschuldigd om nu gelukkig te zijn, niet morgen, volgende maand of volgend jaar, maar nu deze minuut en de volgende en de volgende. Ik sta het mijzelf niet meer toe om in de val te stappen welke ik benoem als het *"Ik zal gelukkig zijn als..."* syndroom zoals zovelen van ons doen. Ik dacht vroeger *"Ik zal gelukkig zijn als ik gewicht verlies en in vorm kom... Ik zal gelukkig zijn als ik mijn ideale maatje vind... Ik zal gelukkig zijn als ik mijn ideale baan heb... Ik zal gelukkig zijn als ik meer geld heb..."* Ik denk dat je het begrijpt. Ben jij ooit in die val getrapt? Lijd jij aan het *'Ik zal gelukkig zijn als'* syndroom? Nou, het goede nieuws is dat er een behandeling is. Je kunt de Kracht van Keuze en Kracht van Waardering uitoefenen en kiezen om iedere dag gelukkig te zijn. Ik maak de keuze om te geloven dat dingen in het leven *bedoeld zijn om te zijn* en om de kracht van macht en wonderen die zoals ik voel mogelijk worden gemaakt voor ons door onze wil en geest.

Hoofdstuk 16

Kracht van Doorzettingsvermogen

Na volledig hersteld te zijn van zijn hartaanval en vijfvoudige by-pass operatie, had John de tijd en kracht om met een hernieuwd gevoel van doel om voorwaarts te gaan in zijn leven. In 1991, op negenenzestig jarige leeftijd, participeerde John aan zijn eerste jaarlijkse protest voor de Japanse ambassade in Ottawa, Canada. Hij en een groep mede krijgsgevangenen en burgers die geïnterneerd waren bij de Japanners, ondertekenden een petitie waarin verzocht werd om een formeel excuus van de Japanse wetgevende macht. Het aangevraagd excuus was voor de Japanse mishandeling van de troostmeisjes en alle andere wreedheden die zij de krijgsgevangenen en geïnterneerde burgers hadden aangedaan gedurende de Tweede Wereldoorlog.

Ieder jaar, gedurende twintig jaar, leidde John een demonstratie voor de Japanse ambassade waarvoor hij veel media aandacht kreeg. Na enige tijd werden John en één of twee van zijn mede-demonstranten leiders uitgenodigd in de ambassade voor een kop thee. In 2003 werd een documentaire genaamd *Thee op de Ambassade* uitgezonden op CBC Television. Het vertelt het verhaal van John en Sonja Franken met een focus op John's zoektocht naar een excuus van het Japanse Rijk voor alle kwaadaardige daden die zij krijgsgevangenen, troostmeisjes en andere onschuldige burgers hadden aangedaan gedurende de Tweede Wereldoorlog.

Nu ik dit boek schrijf is mijn vader drieënnegentig jaar oud. Alhoewel hij niet langer fysiek protest kan voeren bij de Japanse ambassade, blijft hij brieven schrijven naar kranten, zoekt hij media interviews en zweert hij nooit zijn strijd op te geven.

Mijn vaders' toewijding voor zijn doel is een ander geweldig voorbeeld van zijn onwrikbare doorzettingsvermogen. Hij is niet bang om zijn gedachten te uiten en zijn stem te laten horen. Hij is op de televisie en op de radio geweest en 'in print' in Canada, Nederland, Israël en wereldwijd door de kracht van het internet. Mijn vader is ook nog steeds gecommitteerd om bewustwording te vergroten bij jongere generaties door te spreken voor schoolkinderen door het *Historica Canada's The Memory Project* over wat er gebeurd is gedurende de oorlog en wat gemakkelijk weer kan gebeuren als we het toestaan.

Door het adopteren van zijn (wat ik noem) Kracht van Doorzettingsvermogen, zorg ook ik ervoor, dat mijn ouders' stemmen gehoord worden via mijn boek, lezingen, film en welke andere media het mij mogelijk maken om te communiceren over hun verhalen.

Als er iets is wat jij wilt bereiken in dit leven zoals een droom, doel of een roeping van je ziel, dan nodig ik je uit, ook mijn vaders' Kracht van Doorzettingsvermogen te adopteren. Ik ken zo veel mensen vol met potentie en talent die de wereld zo veel te bieden hebben, maar bij het eerste obstakel hun doelen en dromen opgeven en de handdoek in de ring gooien. Wat je doel ook mag zijn, of het gewicht verliezen, stoppen met roken, een bedrijf starten, een boek schrijven, de wereld bereizen, vrijwilliger zijn, of iets anders is, ik moedig je aan om niet op te geven. Ik nodig je uit om door te zetten en je best te blijven doen, want je kunt niet meer dan je best doen. Ja, er zullen obstakels zijn en niemand heeft gezegd dat jouw pad volgen, jouw doel behalen of jouw droom leven makkelijk is: daar is werk voor nodig. Maar onthoud, een gemakkelijk leven is niet zonder meer een voldoening gevend leven. Er zijn veel mensen die het makkelijk lijken te hebben. Dit boek schrijven was geen gemakkelijke taak voor mij. Het nam veel tijd in beslag, denken, inzet, motivatie, doorzettingsvermogen en vele opofferingen van andere dingen die ik had kunnen doen met mijn tijd en energie. Het gevoel van passie en doel echter, heeft ruimschoots opgewogen tegen alle uitdagingen die op mijn pad gezet werden om dit boek om te zetten tot realiteit. Ik heb vele nachten wakker in bed gelegen doordat ideeën in mij opkwamen van iets anders wat ik moest delen en in het boek wilde opnemen. Het was ieder moment van verloren slaap waard, zelfs als het resulteerde in dat ik de volgende morgen een beetje moe was. Zodra ik terug achter mijn computer zat en weer begon te schrijven, kreeg ik weer een hernieuwd gevoel van energie en voelde ik me alsof ik de hele nacht had doorgeslapen.

Waar ik mijn ouders het meest dankbaar voor ben zijn de vele geweldige cadeau's die ik geërfd heb, inclusief de Kracht van Keuze, Kracht van Uitreiken, Kracht van Waardering en Kracht van Doorzettingsvermogen van welke we hebben gezien dat het de beste erfenissen zijn die ik kon ontvangen van mijn ouders en beter zijn dan alles wat je met geld kan kopen. Ik sta voor altijd in schuld bij hen voor alles wat zij mij geleerd hebben. Het is door het toepassen van deze lessen in mijn eigen leven die ertoe geleid hebben om mijn kanker te verslaan en mijn leven met lef en positiviteit te leven.

Hoofdstuk 17

Mijn Moeders' Dood

In januari 2004, had ik in de planning om met mijn man naar Las Vegas te reizen voor een conferentie. De week voorafgaand aan deze reis, belde ik naar huis en mijn vader vertelde mij dat mijn moeder naar het ziekenhuis was gegaan. Hij zei dat alles oké was en dat ik mij geen zorgen moest maken. Mijn moeder was ten slotte vele keren in het jaar daarvoor in en uit het ziekenhuis gegaan, dus dit had één van die vele keren kunnen zijn geweest. Iets in mij, dat zachte stemmetje dat het meestal het beste weet, dwong mij om direct mijn moeders' arts te bellen. Ik ben blij dat ik dat deed. De arts vertelde mij dat mijn moeders' conditie omgeturnd was naar het slechtst en dat dit het was, ze zou niet meer naar huis komen.

Ik weet niet of mijn vader het wist en het mij niet wilde vertellen, of dat hij gewoon in ontkenning was en het niet wilde geloven. Alles wat ik wist is dat ik niet het vliegtuig zou nemen naar Las Vegas die week zoals gepland. Ik zou in plaats daarvan naar Montreal rijden om bij mijn moeder te zijn. Vanuit het niets kreeg ik het idee om mijn dwarsfluit mee te nemen, welke ik in geen jaren bespeeld had. Omdat mijn moeder mij altijd graag hoorde spelen, dacht ik dat het een mooie afleiding zou zijn van de realiteit en haar wat blijheid en verlichting zou bieden. De verhalen van wat er die week in het ziekenhuis gebeurde leidend naar haar laatste adem zijn vol met wonderen. Ik weet dat ik je veel voorbeelden heb gegeven van wat *bashert* (lot) betekent in termen van het geloof *dat alles bedoeld is om te zijn,* maar vanuit mijn eigen persoonlijke ervaring, bevestigt het volgende verhaal alles.

Toen ik bij het ziekenhuis aankwam, lag mijn moeder nog in een gedeelde kamer met andere patiënten. Ik herinner mij hoe fragiel zij eruit zag en de grote lach op haar gezicht toen ik de kamer binnen kwam. Het was alsof haar ogen oplichtten zodra zij mij zag. Ze was nog in staat om te communiceren op dat moment. Ik vroeg haar of zij het leuk vond als ik fluit speelde voor haar. Ze was verheugd.

Ik speelde een paar van de klassieke Hebreeuwse en Yiddische volksliedjes waar ik mee opgroeide zoals *Dona Dona, Finjan, Bashana Haba'ah, Hava Nagila* en nog veel meer. Echter, na een tijdje, begonnen mijn liedjes op te raken in mijn muzikale repertoire. Ik had moeite om alle liedjes uit mijn jeugd te herinneren en vanuit mijn geheugen moeiteloos te spelen. Ik herinner mij hoe er opeens een vrouw kwam en in de deuropening van de ziekenhuiskamer stond. Ze vroeg of zij alsjeblieft binnen mocht komen om naar mijn spel te luisteren. Zij vertelde dat ook zij een Holocaust overlever was en dat het voor haar zo veel betekende om mij zulke blije en mooie Joodse melodiën te horen spelen. Natuurlijk verwelkomde ik haar om bij ons te zitten. Zij zat op de rand van mijn moeders' bed. Zoals je wellicht zal raden, had ik het moeilijk om tegen mijn tranen te vechten terwijl ik probeerde door te spelen.

Ik raakte steeds gefrustreerder omdat ik steeds weer dezelfde liedjes opnieuw speelde. Juist toen had ik een vluchtige bewuste gedachte - *'Als ik maar een boek had met Yiddische liedjes.'* Wat ik bedoelde was een boek met bladmuziek voor Yiddische liedjes zodat ik de muziek kon lezen en een grotere variëteit zou hebben in repertoire. Ik denk dat het niet uitmaakte voor mijn kleine publiek, maar het maakte voor mij uit. De gedachte verliet mijn gedachten zo snel als het kwam. Het was een wens op dat moment.

Binnen 15 minuten, kwam een zuster de kamer binnen om te vertellen dat er een privékamer beschikbaar was en een ordonnateur snel zou komen om mijn moeder naar haar nieuwe kamer te brengen.

Nieuwsgierig als ik ben, voelde ik de dwang om de kamer van tevoren te checken. Ik wilde weten waar het was en hoe het eruit zag. De zuster gaf mij het kamernummer en ik ging er naartoe.

De kamer was helemaal leeg. Het was pas toen ik mij omdraaide om de kamer te verlaten dat ik één ding en alleen één ding opmerkte. Het was een boek, dat plat op de boekenplank lag. Ik kan het niet uitleggen, maar iets trok me naar dat boek toe. Ik liep naar de plank en pakte het in mijn handen. De titel zei in grote ronde witte letters op een zwarte achtergrond *Het Grote Boek met Yiddische Liedjes.* Ik zou willen dat ik een kopie van dit boek vandaag kon vinden. Ik krijg weer kippenvel over mijn hele lijf nu ik dit met jou deel. Ik stond daar met mijn voeten bevroren op de vloer. Ik kon mijn ogen niet geloven. Ik wist in dat moment dat mijn gedachte gehoord was door God, het universum, de engelen, de levensbron, de Creator, hoe je het ook wilt noemen. Hoe kon dit een toevallige gebeurtenis zijn? Het is te mysterieus. Ik besloot op dat moment dat het God zijn manier was om mij te laten weten dat er op mijn moeder gelet werd, dat alles precies was zoals bedoeld was en dat alles oké zou zijn. Ik voelde me zo gerustgesteld. Het is moeilijk om uit te leggen. Ik weet dat het als een gek verhaal klinkt, maar het is wat ik ervaren heb. Het was een mooi moment dat ik nooit zal vergeten. Ik voelde een goddelijke connectie die onuitlegbaar en niet te ontkennen was voor mij.

Nadat mijn moeder verplaatst was naar de privékamer, legde ik het muziekboek op haar benen en vervolgde met het spelen van liedjes uit het boek. Mijn moeder genoot er enorm van. In deze fase was zij nog in staat van tijd tot tijd een paar regels mee te zingen. Het betekende alles voor mij om haar deze genietmomenten te geven leidend naar het einde van haar leven.

Plotseling kwam er een jongedame de kamer ingestormd. Zij onderbrak mijn spel heel grof door het muziekboek weg te graaien. Zij keek mij met beschuldigende ogen aan en zei op een luide en dreigende toon, *"Waar heb jij dat boek vandaan?"* Ik vertelde haar dat ik het had gevonden op de boekenplank. Toen ging zij door met zeggen, *"Ik ben de muziektherapeut hier. Dit is mijn boek. Wat deed het in deze kamer op de plank? Het zou in mijn bibliotheek beneden in de hal moeten zijn."* Ik verzekerde haar dat ik geen kwaad in mijn bedoelingen had. Ze bond eindelijk wat in en stond mij toe om haar boek te gebruiken. Ik beloofde om het in de kamer te laten wanneer ik er klaar mee was. Weer koos ik ervoor om te geloven dat dit een goddelijke interventie was. Misschien was het een toevallige gebeurtenis dat haar boek zomaar achter was gebleven op die plank, maar ik kies ervoor om anders te denken.

Ik herinner me dat ik op een dag dit hele verhaal van het muziekboek deelde met mijn man's vriend die een atheïst is. Hij gelooft niet in God of iets spiritueels en denkt dat alles in het leven compleet toevallig is. Hij lachte mij gewoon uit en vertelde mij ronduit dat ik het verkeerd had om zelfs voor een moment te denken dat het maar iets te maken had met een externe kracht. Hij ging door mij te vertellen dat het gewoon een vreemde toevallige gebeurtenis was, niets meer niets minder.

Wat mij het meest raakte in zijn opmerking was dat hij het lef had om mij te vertellen dat ik het verkeerd had. Wie was hij om mij te vertellen dat ik fout of gelijk had? Dit is wat ik hem antwoordde. En dit is wat ik zou zeggen tegen iedereen die mij uitdaagt in mijn geloof dat *alles is zoals het bedoeld is*. Ik zei tegen hem, *"Vertel mij alsjeblieft niet dat ik het fout heb. Jij kunt geloven wat jij wilt geloven. Ik ben hier niet om te oordelen over jou of mijn geloof op te leggen. Echter, als wat ik geloof dat waar voor mij is, mij me beter laat voelen en mij helpt om beter om te gaan met het verlies van mijn moeder, dan is dat alles wat belangrijk is voor mij. Ik kan jou niet vertellen met 100% zekerheid of ik het goed of verkeerd heb. Alles wat ik jou kan vertellen is wat ik inmiddels geloof dat 100% waar en goed voor mij is."*

De boodschap hiervan is dat mensen het niet altijd eens met jou zijn, jou begrijpen of jouw overtuigingen goedkeuren. Hoe dan ook, als jouw overtuigingen het jou mogelijk maken om een blij en betekenisvol leven te leiden, wat maakt het dan uit wat anderen denken? Wie zijn zij om jou te veroordelen? Geef jezelf alsjeblieft toestemming om te geloven in wat voor jou werkt, zolang het voor jou het beste is en je niemand kwetst, inclusief jezelf.

De volgende week, leefde ik in die kamer aan de zijde van mijn moeder. Ik wilde haar voor geen seconde alleen laten. Mijn vader was daar ook. We sliepen beiden in de kamer bij haar. Ik was zo bang om er niet te zijn tijdens haar laatste momenten dat ik zelfs moeite had om naar het toilet te gaan in de angst dat ik er niet voor haar zou zijn aan het eind van haar leven. Ik bleef naar haar kijken om te zien of ze nog steeds ademde. Het was pijnlijk voor mij om naar haar te kijken in de laatste fase omdat ze zo bleek zag, dun en fragiel. Het was de meest emotioneel en fysiek uitputtende week van mijn leven.

Het was moeilijk om volledig te bevatten wat er gebeurde omdat het allemaal zo snel ging. Ik bleef mij afvragen, *"Hoe zal mijn wereld zijn zonder mijn moeder? Hoe zal het zijn om nooit meer haar mooie stem te horen, te luisteren naar haar lach, haar te horen zingen, haar lachende ogen te zien, haar warme armen om mij heen te voelen?"*

Het was moeilijk om te slapen. Ik sliep op een uitgevouwen matras op de ziekenhuiskamer vloer en mijn vader sliep in een ziekenhuisbed dat de ordonnateur zo aardig in de kamer had gezet.

De ochtend na de eerste nacht slapen in de kamer, vertelde mijn vader hoe slecht hij had geslapen door het oncomfortabele bed. Hij had verschrikkelijk slecht geslapen. Houd alsjeblieft in gedachten dat mijn vader toentertijd twee-en-tachtig jaar oud was. Niet lang nadat we wakker werden en mijn vader mij vertelde over zijn oncomfortabele matras, kwam een ordonnateur binnen en vroeg of hij mijn vaders' bed kon omruilen voor een ander. Hij legde uit dat er een patiënt was verderop in de hal die een bed nodig had dat op en neer kon en die van haar was defect. Hij ruilde de bedden om en mijn vader sliep veel beter daarna. Was dat ook toeval? Ik denk van niet. We konden het niet geloven dat dat allemaal gebeurde om ons gerust te stellen iedere keer weer dat er over ons gewaakt werd. Iedere keer als we om iets vroegen, werd het ontvangen.

Mijn moeders' conditie verslechterde snel van dag tot dag, en in de laatste dagen van uur tot uur, en dan van minuut tot minuut. Op een gegeven moment was zij compleet buiten bewustzijn. We hadden geen idee of zij ons wel of niet kon horen. Sindsdien heb ik geleerd dat het gehoor het laatste zintuig is wat gaat en mijn moeder naar alle waarschijnlijkheid alles nog heeft kunnen horen.

Ik zag dat zij een cassetterecorder naast haar bed had, dus ik vroeg de zuster of zij cassettes hadden om af te spelen. Zij verwees mij naar hun cassettesbibliotheek. Ik vond er één met allemaal walsen erop. Mijn moeder hield van walsmuziek, dus ik besloot het voor haar op te zetten. Terwijl de muziek speelde, kreeg ik het idee om haar voeten te masseren. Ik dacht dat het haar wat verlichting zou geven zonder te weten of zij het wel kon voelen. Ik begon haar voeten te masseren en plotseling begon zij haar voeten te bewegen op de maat van de muziek. Opgewonden riep ik mijn vader om te komen kijken. Het was alsof zij communiceerde via haar voeten om ons te zeggen, *"Kijk, ik ben er nog. Ik ben nog niet weg."* We waren zo blij. We wisten toen dat ze nog steeds in staat was te horen en dat ze kon horen wat we zeiden.

Op 14 januari 2004 om 21.25 uur blies mijn moeder haar laatste adem uit. Ik kan me niet herinneren hoe ik wist dat het einde nabij was. Misschien voelde een palliatieve zuster het aan en vertelde het mij. Ik heb geen idee. Ik weet alleen dat terwijl zij nog ademde, maar een paar minuten voordat ze overleed, ik haar dicht bij mij in mijn armen hield en door een waas van binnengehouden tranen tegen haar zei in het Nederlands, *"Het is oké mama. Het is oké voor jou om nu te gaan. Je hoeft je nergens zorgen om te maken. Alles zal goed komen. Ik zal zorgen voor Papa. Dat beloof ik je. Heel erg bedankt voor de lieve moeder die je was en voor alles wat je voor mij gedaan hebt. Ik hou zo veel van jou en zal je heel erg missen, maar je zult nooit vergeten worden en je zult altijd bij me zijn."*

Na haar laatste uitademing, in wanhoop en haar niet willen laten gaan, smeekte ik haar om nog één keer adem te halen. Ik zei tegen haar in het Nederlands, *"Alsjeblieft mama, haal nog één keer adem."*

Ik weet niet waarom ik dit van haar vroeg, maar nadat ze overleden was, nog steeds in mijn omhelzing, haalde zij nog één keer adem. Ik kan me geen ander moment in mijn leven herinneren dat ik zo'n verlies, rouw en verdriet voelde. Er zijn geen woorden om de diepte van mijn wanhoop te beschrijven.

Hoofdstuk 18

Meer dan wonderen

De wonderen die plaatsvonden in het ziekenhuis versterkten mijn geloof en vertrouwen dat alles *bedoeld is om te zijn*. Echter, er zouden er nog meer volgen die mijn geloof nog meer versterkten waarvan ik er een paar met je zou willen delen. Ik weet dat mijn verhalen bijna ongelooflijk lijken, maar dat is wat ze vermeldenswaardig maken. Je hoeft het niet eens te zijn met mij of mijn geloof te ondersteunen, maar ik vraag je alleen om met een open blik van de verhalen te genieten en de mogelijkheid te overwegen.

In juni 2004, maar vijf maanden na het overlijden van mijn moeder, gingen mijn vader en ik naar Nederland om de vijfenzestigste verjaardag van zijn nicht te vieren. Het was een groot feest en mijn vader die ouder werd, bedacht dat hij deze trip het beste kon doen zolang hij nog de energie en mobiliteit had om het te doen. Hij was verheugd dat ik hem wilde begeleiden.

Alhoewel wij daar in eerste instantie waren om zijn kant van de familie te bezoeken, besloten we om ook wat tijd door te brengen met een aantal van mijn moeders' familieleden. We bezochten één van mijn moeders' neven toen één van de wonderen begon. Hij kwam de huiskamer binnen en vertelde dat hij een e-mail had ontvangen van een man die in Amsterdam woonde en die reageerde op mijn moeders' overlijdensaankondiging die mijn neef in de Joodse krant had geplaatst. De man die de e-mail had gestuurd was de zoon van Ria, de pianospeelster van het kwartet waar mijn moeder deel van uitmaakte voordat zij naar Canada verhuisde. Hij schreef naar mijn neef dat hij een serie foto's van mijn moeder had gevonden van haar tijd in het kwartet en dacht dat misschien iemand van haar familie in Canada er een paar van zou willen hebben.

Allereerst, wat zijn de kansen dat we in Amsterdam bij mijn neef in zijn huis zouden zitten wanneer hij over deze e-mail vertelt? Als ik het mij goed herinner had hij die e-mail maanden eerder ontvangen en het was op dat moment dat hij zich het herinnerde en het ons vertelde. Dat op zichzelf was een onmiskenbaar toeval, als er niks anders was. Als we daar niet persoonlijk waren geweest, hadden we wellicht nooit over deze e-mail geweten. Of was het zo bedoeld? Laten we zien wat er vervolgens gebeurde.

We gingen naar het kleine appartement van deze man in hartje Amsterdam. Hij was heel beleefd naar ons toe. Niet alleen liet hij ons een paar van zijn foto's zien, maar toen presenteerde hij mij een ouderwets schetsboek. De pagina's waren gevuld met foto's en getypte gedeelten die verhalen vertelden over de optredens van het kwartet, lijkend op een dagboek. Het was inclusief data, locaties en wat er tijdens ieder optreden was gebeurd. Er waren foto's van foto's en zelfs kopieën van de concertprogramma's met daarop mijn moeders' naam als de solist. Bladerend door de pagina's, voelde ik mij bijna gehypnotiseerd door de gedetailleerde geschriften en foto's. Ik las dat na één van hun optredens, zij uitgingen en feestten tot 2 uur 's morgens. Ik kon het niet geloven. Ik wist niet dat mijn moeder deze dingen deed. Het was zo leuk om te lezen over de goede tijden die zij met haar vrienden deelde.

Ik sloeg de pagina om en zag de foto's van haar afscheidsfeestje dat haar groep had georganiseerd net voor zij naar Canada vertrok. Het was geweldig om de foto's te zien en later over het feest te lezen in haar brieven aan mijn vader. Ik kon in de foto's een aantal van de cadeaus zien die zij gekregen had, inclusief de set borden die ik nog steeds gebruik. Om deze te zien in de foto's en haar omringd te zien door al haar vrienden, liet mij in tranen uitbarsten. Het betekende zo veel om zo'n overwachte glimp in haar geschiedenis te zien en om te zien wat er achter de schermen gebeurde terwijl mijn vader verlangend op haar wachtte in Canada. De man was zo ontroerd toen hij mij zag huilen dat hij tegen mij zei, *"Mijn kinderen hebben geen interesse in zoiets als dit. Het zou mij goed doen als jij het zou hebben."* Alsof dat nog niet genoeg was, liep hij naar zijn plank en pakte een eremedaille en gaf het aan mij. Het was de medaille die op de foto staat op pagina 77, welke overhandigd werd aan mijn moeder en haar kwartet door de burgemeester van Amsterdam. Mijn hele leven had ik deze foto gezien, en nu zat ik daar als wat ik als een wonder zie, en houd ik dit belangrijke metaal in mijn eigen handen. Het gevoel was bijna magisch.

Terwijl wij in Nederland waren, bezochten we ook mijn moeders' oom in Wierden. Hij moet eind tachtig zijn geweest dat moment. Hij was een broer van mijn grootvader. Ik had mijn hele leven gehoord over dit familielid en herinner mij niet hem ooit eerder ontmoet te hebben. Hij was als een legende voor mij omdat ik van kinds af aan over deze legendarische oom in Nederland had gehoord die de Holocaust overleefde verstopt in een kippenhok achter bij de boerderij van de buren. Hij kwam alleen naar buiten om te eten en zijn benen te strekken. Hij zal destijds begin twintig zijn geweest. Ik kan mij de stank, angst en isolatie niet voorstellen. Het zou voldoende zijn om iemand gek te laten worden, maar op één of andere manier kwam hij erdoorheen en overleefde na bijna drie jaar op die manier geleefd te hebben. Wat grappig is, is dat hij na de oorlog een slager werd. Ik kan het niet helpen om hier de humor van te zien omdat je zou kunnen denken dat hij een vegetariër zou zijn geworden om de kippen te eren die in zekere zin zijn leven hadden gered.

Na tijd met mijn moeders' oom te hebben doorgebracht, nam hij ons mee naar het ernaast gelegen dorp Rijssen waar mijn moeder was geboren. Ik was vele keren naar Nederland geweest opgroeiend als een kind en mijn ouders hebben mij nooit daarnaartoe meegenomen. Mijn moeder wilde nooit terug gaan omdat dat te pijnlijk voor haar zou zijn. Als gevolg daarvan had ik nooit gezien waar mijn moeder was geboren tot deze specifieke trip.

Omdat het nog maar vijf maanden geleden was dat mijn moeder was overleden, en ik nog op vele manieren in de rouw was, betekende deze keer met mijn familie nog meer dan woorden kunnen uitdrukken. Ik was erg emotioneel toen we rondliepen op de geplaveide straten van haar geboorteplaats. Het was als terug in de tijd gaan. Veel van de huizen hadden plaquettes erop waarop het jaar stond wanneer ze gebouwd waren. De meeste waren gebouwd in de jaren 1800. Toen wees mijn oom het huis aan waar mijn moeder was opgegroeid. Ik kon moeilijk geloven dat ik deze gift kreeg om in de straat te staan tussen de huizen waarvan mijn moeders' oom zei dat hij nog steeds kon herinneren dat zij daar met haar zussen en broers speelde. Ik stond daar bewegingsloos, mijn moeder visualiserend als een kind, zo jong, zo onschuldig en compleet onbewust van wat snel zou komen. Haar tienerjaren, welke één van de mooiste periodes van haar leven zou moeten zijn, van haar beroofd werden. Het was tegelijkertijd hartverwarmend en hartbrekend om daar te staan en het allemaal tot me te nemen. Toen we wat verder liepen wees hij het huis aan waar mijn moeder geboren was en de eerste jaren van haar leven had doorgebracht. Hij vertelde ons dat alle andere huizen in de straat vernietigd waren door bommen en alleen mijn moeders' huis was overgebleven. We konden het niet geloven. Was dit misschien nog een wonder?

Tot deze dag, geloof ik echt dat alles dat gebeurde tijdens deze reis *bedoeld was om te zijn.* Ik geloof ook dat mijn moeder op één of andere manier het allemaal geregeld heeft. Ik weet dat het voor sommigen van jullie te veel mag klinken, maar ik geloof echt dat ze wilde dat ik het schetsboek en de medaille zou hebben als souvenirs, en om eindelijk te weten waar zij was geboren en was opgegroeid. Ik voelde mij zo dichtbij mijn moeder tijdens deze reis toen ze nog leefde. Ik weet dat zij altijd bij mij is, wat er ook gebeurt.

Op 5 september 2004, trouwde ik met mijn geweldige echtgenoot Elliott Smith. Elliot is een komische goochelaar van beroep en brengt veel magie en blijheid in mijn leven waar ik heel dankbaar voor ben. Tijdens onze huwelijksreis in Florida gingen we een dag naar St. Augustine. Voor de lol deden we één van de toeristenattracties, genaamd de Geestenwandeling. Dat is een tour naar speciale plekken waarbij een gids jou de spookverhalen vertelt over wat er op die plaatsen gebeurd is. Er werd verteld over mensen die verschijningen zagen die naar hun terug staarden vanuit de ramen, anderen zagen geesten voorbij lopen, en meer. Het was allemaal heel interessant, vermakelijk en we dachten er niet te veel van. Het was gewoon voor de lol.

In de auto onderweg terug naar ons hotel, begon ik te denken hoe het moet zijn wanneer je echt denkt dat je een geest of een fysiek signaal hebt gezien van iemand die overleden is. Ik zei tegen mijn echtgenoot, *"Wat als ik een teken van mijn moeder zou zien met mijn twee eigen ogen? Ik zou waarschijnlijk denken dat ik gek geworden was."* Plotseling, precies op dat moment, draaide ik mijn hoofd om door het raam aan de passagierskant van de auto te kijken. We reden over de I95 en terwijl ik uit het raam staarde over wat ik net hardop had gezegd, had de eerstvolgende auto die wij inhaalden het woord SONJA op het kentekenbord staan. Ik zei dat mijn echtgenoot snel zijn hoofd moest omdraaien en kijken en hij zag een glimps ervan omdat het allemaal zo snel ging. Hoe kon dit? Er is maar één auto die deze unieke kentekenplaat kan hebben en die net langs reed op het exacte moment dat ik de vraag stelde over wat ik zou doen als ik een teken van mijn moeder zou zien. Het was allemaal zo onwerkelijk. Alleen al dit verhaal opschrijven, geeft mij weer kippenvel over mijn hele lijf. Het was een geweldig gevoel. Dat is het enige fysieke teken welke ik ooit ontvangen heb, maar geloof me wanneer ik zeg dat dat genoeg was.

Herinner je je over de Kracht van Keuze die zij mij leerde? Nou, ik koos ervoor om te geloven dat zij dat teken voor mij geregisseerd had, en ook om mij gewoon te laten weten dat zij altijd bij mij is.

Jaren nadat mijn moeder overleed, deed mijn vader wat onderzoek op het Internet over het koor waarvan mijn moeder onderdeel had uitgemaakt in Nederland na de oorlog. Het lukte hem wat informatie te vinden over Hans Krieg, de dirigent. Hij herinnert zich niet exact hoe het allemaal gebeurde, maar op één of andere manier kwam hij in contact met de dochter van mijnheer Krieg. Door lange afstands telefoongesprekken en e-mails, kwam hij te weten dat zij opnames had van haar vaders' koorconcerten en ouderwetse geluidsbanden op rol die zij over had gezet naar CD. Zij zond een kopie van de CD naar mijn vader en gaf aan bij welke stukken je mijn moeders' karakteristieke stem kon horen als de solist. Ik herinner mij toen ik voor het eerst naar de CD luisterde, haar mooie en onmiskenbare stem, zo puur en authentiek, ik niet kon stoppen met huilen. Wat een ongelooflijke gift dat het mogelijk was om te horen hoe zij zong in die speciale jaren van haar leven. Wat een wonder voor mijn vader om in contact te komen met deze vrouw die toevallig een CD had gemaakt waarop ook mijn moeders' zang stond. Kijk naar de kracht van het Internet. Dit was echt een cadeau voor ons dat *zo heeft moeten zijn* en wéér kies ik ervoor dat mijn moeder hierin ook een vinger in de pap heeft gehad.

Conclusie

Zoals beloofd heb ik de verhalen over macht, wonderen en triomf van de menselijke geest gedeeld door mijn ouder's vermogen om hun gevangenschap te overleven en daarna hun levens weer op te bouwen en hun gezondheidsuitdagingen te overwinnen. Mijn doel was om te laten zien hoe de krachten van de menselijke geest, keuzes die we maken en onze gevoel van zelfwaarde geen grenzen hebben. We hebben gezien dat dingen misschien gebeuren die we niet kunnen begrijpen of verklaren, maar op één of andere manier bedoeld zijn om zo te zijn. Ik beschreef ook de vele manieren in hoe ik in staat was hun nooit opgeven en doorgaan houdingen te adopteren in het verslaan van mijn kanker en om vele andere levensuitdagingen te overwinnen. Terugkijkend naar hun levens en mijn eigen persoonlijke ervaringen, ben ik tot de volgende conclusies gekomen.

In het boek, Man's Search for Meaning, van auteur Victor Frankel, zelf een Holocaust overlever, onderzocht hij wat het was dat het sommige gevangenen het mogelijk maakte om te blijven vechten om te overleven, dag in dag uit, terwijl anderen opgaven. Toen ik dit voor het eerst las, herinnerde ik dat mijn moeder mij vertelde hoe wanneer iemand in de kampen hun wil om te leven opgaven en hun vechtlust verloren, zij het direct in hun ogen kon zien. Ze zei dat de vonk van hun wil gewoon verdween. Gelijk aan dingen zoals voedsel en water, als eenmaal die vonk weg was, waren ze meestal binnen een paar dagen dood. Anderen hun vonk zien verliezen, hielp mijn moeder haar vonk levend te houden. Dus wat was het dat die vonk aan hield voor zowel voor haar als mijn vader?

Mijn moeder wilde gewoon niet dood gaan. Zij oefende haar Kracht van Keuze en Kracht van Doorzettingsvermogen uit om te kiezen om te vechten voor het leven boven het overgeven aan de dood. Toen zij werkte aan de spoorweg van ochtend tot nacht, hoe moe, genoeg ervan hebbend, zwak, hongerig of dorstig zij ook was, en geen acht gevend aan de pijn in haar rug; wat haar door liet gaan was haar vasthoudende mantra - *"Hitler zal me nooit krijgen."* Ze wilde het hem niet makkelijk maken. Gelukkig liet haar fysieke lichaam haar niet in de steek. Als je denkt aan de uithongering, harde fysieke arbeid en aan alle andere mensen die overleden door besmettelijke ziekten, kun je je alleen maar voorstellen hoe sterk mijn moeder geweest moet zijn om zich met dit alles staande te houden. Zij was sterk en misschien had zij ook geluk. Of was haar wil zo sterk dat dit haar hielp om alle ziekten te weerstaan? Was de geest sterker dan de materie? Is dat mogelijk? Ik weet het niet, maar het is iets om te overwegen. Of was het gewoon een toevallig wonder dat *bedoeld was zo te zijn*? Ik geloof dat het de krachtige combinatie was van macht en wonderen die samen *bedoeld waren om zo te zijn*, ieder op zichzelf. Mijn moeders' ongelooflijke macht was haar keuze die zij ieder moment had kunnen opgeven. Alhoewel, misschien was haar macht zelf een wonder en *bedoeld om zo te zijn*.

Mijn moeder wilde niet dood gaan, maar tegelijkertijd was zij niet bang voor de dood. Herinner je je, ze was klaar om te sterven toen de bewaker het pistool tegen haar hoofd hield. Ze zou vechtend en trouw aan zichzelf dood gaan, maar ze was niet bereid om zich over te geven aan de dood door hopeloos te zijn en bang om nog een dag te leven.   Mijn moeder zou niet verslagen worden door haar omstandigheden.

Mijn ouders hadden een gedeelde visie over hun toekomst die gevuld was met vrede, liefde en blijheid. Hun droom was om te trouwen en een gezin te starten, overbodig te zeggen dat zij beiden voelden dat zij te veel hadden om voor te leven. Zij oefenden de Krachten van Hoop en Dankbaarheid uit door God iedere dag te bedanken dat zij nog leefden omdat het betekende dat zij weer één dag dichter waren bij het terugkrijgen van hun vrijheid en hun droom te leven. Dat was wat mijn moeder zei dat haar liet doorgaan. Zij zei tegen Ro, *"Ik wil dat jij leeft. We zullen hieruit komen. We zullen overleven."* Het was alsof wat ze zei tegen Ro een niet-onderhandelbare waarheid was. Maar hoe kon zij zo zeker zijn? Ze was niet zeker maar zij kon het zich niet veroorloven anders te geloven. Nogmaals, voor haar, was het gewoon zoals dingen moesten zijn. Anders denken betekende een gebrek aan hoop. Zij wist beter dan de hoop te laten varen. Het was alles waar zij aan vast kon houden, want wat zou het punt van vechten zijn zonder hoop?

Toen Sonja gediagnosticeerd werd met kanker, paste zij dezelfde houding toe. Zij zei, *"Hitler kreeg mij niet te pakken, dus mijn kanker ook niet."* En weer was het als een niet-onderhandelbare waarheid. Maar hoe kon zij zo zeker zijn? Dat was haar keuze. Het was haar manier van vasthouden aan hoop.

Wat ik leerde van mijn ouders en mijn eigen kankerreis is dat als je geen hoop hebt voor wat je ook probeert te bereiken, of het is om uiteindelijk te overleven of door simpel een doel te bereiken, dan zul je je zelf niet ertoe zetten om het te proberen en kun je mooie mogelijkheden voor meer succes en geluk missen. Alles lijkt dan gewoon te moeilijk en niet het risico en de moeite waard. Als jij jezelf niet dwingt om een sprong te wagen en te proberen, dan hoef je je geen zorgen te maken dat je faalt. Het is zo veel gemakkelijker en veiliger om gewoon te blijven zitten in de situatie zelfs als je je slecht daarbij voelt. Echter, je kunt er ook voor kiezen om hoop de niet-onderhandelbare keuze te maken waar overgave aan zelfgenoegzaamheid en nederlaag geen optie is waaraan jij je wilt overgeven. Ik denk niet alleen aan mijn ouders, maar aan die arme troostmeisjes. Met alles wat zij iedere dag weer opnieuw te verduren hadden met de ene verkrachting na de andere, zou je denken dat alle hoop verloren zou zijn en zij allemaal een einde aan hun leven zouden willen maken. Toch hebben zo veel van hen de hoop levend gehouden, en alhoewel er veel overleden in de kampen, waren er ook veel overlevenden. Met littekens die zo diep zullen zijn, hebben zij het gered om levens weer op te bouwen en door te blijven gaan. Hoop opent voor jou naar dapperheid en de mogelijkheid voor niet alleen overleven, maar het potentieel voor succes in je leven. Zoals de uitdrukking gaat, *"Het is beter om het geprobeerd en gefaald te hebben, dan het nooit geprobeerd te hebben."*

Toen mijn moeder de gebeden zong boven de kaarsen die zij gemaakt had in de kampen, ging het niet alleen over de verlichting van de kaarsen. Het ging over het verlichten van de hoop in haar hart, welke aanstekelijk was naar iedereen om haar heen. Zoals je je zult herinneren, waren de anderen in eerste instantie bang, maar stonden zichzelf toen toe om zich te baden in kleine stralen van hoop, blijheid en uitstel wat kwam met het licht van de kaarsen en de liefheid van mijn moeders' stem. Als alleen kort geleefd, bewees dat dat hoop iets was wat gevonden werd in momenten en dat die momenten beschikbaar waren voor diegenen die hun harten daarvoor openden. Zelfs de Nazibewaker kon het niet weerstaan om een moment zich te vermaken om te ontsnappen aan de chaos. Dat op zichzelf was ook een wonder daar het net zo gemakkelijk een andere bewaker kon zijn geweest die mijn moeder er niet mee weg liet komen. Voor mijn moeder was het *zo bedoeld te zijn.*

We hebben ook gezien hoe allebei mijn ouders simpel iedere dag voor dag en moment voor moment namen in de kampen. Zij accepteerden wat er op hen afkwam en bleven gewoon hun best doen. Iedere dag dat zij wakker werden en nog steeds leefden was iets om dankbaar voor te zijn. Zij zagen iedere dag als een cadeau en baden voor nog een cadeau. Zij deden alles wat zij konden doen om te blijven geloven dat de oorlog snel over zou zijn en zij zouden overleven. Zij waren vastbesloten om er levend uit te komen en een mooi leven op te bouwen. *"Het leven is mooi en er is nog zo veel om voor te leven,"* uitte mijn vader zo mooi in zijn brieven. Het verleden was er om achter hen te laten, en zij zouden zich focussen om het beste te maken van elkaars leven, vandaag en iedere dag daarna voor de rest van hun levens. Anders dan mijn moeder, had mijn vader soms momenten van twijfel met betrekking tot zijn uiteindelijke lot. Bijvoorbeeld, na het overleven van dysenterie en zo mager en zwak zijn, vroeg hij zich af hoe lang zijn gevangenistijd zou duren en of hij kon overleven als zijn gezondheid zo was verslechterd. Het was de eerste keer dat hij echt twijfelde of hij het wel of niet kon overleven. Hij herinnert zich wat een dieptepunt dit was voor hem. Wat hem liet doorgaan was dat hij naar zijn vrienden ging voor troost en ondersteuning. Ze zaten dan samen en spraken over wilskracht en vertrouwen in God dat hij voor alles zou zorgen. Zij spraken over hun goede herinneringen aan thuis, wat de toekomst kon brengen en over hun plannen wanneer zij uit gevangenschap zouden komen. Naar zijn vrienden gaan voor ondersteuning was opliftend voor hem en hielp hem zijn vertrouwen en geloof terug te krijgen dat hij erdoorheen zou komen.

Later in Manilla, sloot hij zich aan bij de jeugdgroep voor support. Gewoon door het zich omringen met positieve mensen van zijn eigen leeftijd en genieten van leuke activiteiten, was hij in staat om zich langzaam weer normaal te voelen. Als je je herinnert dat degenen die zichzelf isoleerden en liever leefden in hun grenzen van hun eigen gedachten en herinneringen uit het verleden, dan het uitbreiden van hun gedachten met nieuwe hoop voor de toekomst en nieuwe mensen en nieuwe positieve ervaringen tot zich te nemen, ondergingen zij een moeilijkere overgang naar vrijheid.

Een van de meest belangrijke lessen die ik leerde van hun ervaringen en door mijn kankerreis is dat er een grote veerkracht en kracht is in de mogelijkheid om te vragen om hulp en ondersteuning van anderen. Ik weet nu dat de angst om een last voor anderen te zijn, alleen maar een last voor jezelf is, en dat het zoeken en accepteren van hulp bij anderen een handeling is dat je eigenwaarde laat zien. Ik ontdekte dat ik het waard ben en mijn grootste wens is dat jij herkent dat dat jij het ook waard bent.

Er is geen twijfel dat mijn ouders' overleven te danken was aan meer dan alleen de keuzes die zij maakten door hun houding en daden die nodig waren om te overleven. Ik geloof, zoals we hebben gezien, dat hun overleving kwam gedeeltelijk door hunzelf in de keuzes die zij maakten en de acties die zij ondernamen. Echter, er was sprake van wat sommigen ongelooflijke meevallers zullen noemen, of die ik wonderen noem die niet door hen kwamen. Ik geloof dat er over hen gewaakt werd door een grotere kracht welke een groter doel voor hen leek te hebben. Overweeg het wonder van mijn moeder die in drie verschillende gelegenheden in de gaskamers werd gezet. Iedere keer was er een storing met de gasaanvoer of hadden zij al zo veel mensen erin gezet die dag dat het gas gewoon op was. Dit zou niks hebben betekend als tussen die keren zij haar vechtlust had opgegeven en zich had overgegeven aan de dood. Niet uitmakend hoe sterk en positief zij was, als er voldoende gas was geweest, had zij het niet overleefd. Het was haar vasthoudende en onwankelbare wilskracht en de kracht van onverklaarbare wonderen die in harmonie samenwerkten om haar leven te redden.

Hetzelfde is waar voor mijn vader. Het was zijn eigen vrije wil om te kiezen voor de overplaatsing naar de kolenmijnen: een keuze die zijn leven redde. Sommigen zullen zeggen dat hij die keuze niet maakte en dat het voor hem gedaan werd door een hogere kracht. Echter, ik geloof dat dat zijn vrije wil was om zich aan die keuze te committeren. Voor mij zit het wonder erin dat hij deze keuze in de eerste plaats kreeg. Dat wonder was niet per ongeluk. Mijn vader gelooft stellig dat er een andere kracht aan het werk was waaraan hij niets gedaan heeft. *Het was bedoeld om zo te zijn.*

Ik heb vaak religieuze mensen horen zeggen dat we allemaal gewone voorwerpen van Gods' wil zijn. Ik ben niet een heel erg religieus persoon, maar ik geloof wel in een soort van hogere kracht dat onze levens gidst. Ik noem deze kracht God, maar jij kunt het noemen zoals jij wilt. Ik geloof dat we geloof en vertrouwen moeten hebben in iets buiten onszelf om zijn ding te doen zoals het voor ons het beste is. Hoewel dit het doet klinken alsof wij niks daarin te zeggen hebben.

Wat ik geloof is dat we in feite gelijke partners zijn zoals co-producers van onze eigen levensdrama's die op het grote scherm gespeeld worden welke wij het universum noemen. Het is aan ons om ons deel te doen zodat God zijn deel kan doen. Bijvoorbeeld, er is een inzichtvolle grap over een man die religieus de gewoonte beoefent om gebedsbriefjes te plaatsen in de scheuren en spleten van de Westelijke Muur, ook bekend als de Klaagmuur, een Joodse heilige plek in de Oude Stad van Jeruzalem. De allereerste vastgelegde gebeurtenis van zo'n fenomeen dateert uit de vroeg

18e eeuw en komt van de Joodse traditie dat de Goddelijke Aanwezigheid aanwezig is bij de Westelijke Muur. 25 Jaar, iedere dag, schreef deze man zijn enige gebed op een stuk papier en vroeg aan God, *"Alstublieft God, laat mij de loterij winnen."* Na jaren volhouden zonder resultaat, ging hij op een dag naar zijn gebruikelijke gebedsplek bij de muur en daar was een groot papier in de spleet waar hij normaliter zijn gebed plaatste. Hij opende het papier en in grote letters was te lezen, *"Dit is een bericht van God. Je zult eerst een lot moeten kopen."* Dus daar zie je het. Je kunt niet verwachten dat God jouw gebeden beantwoordt en wonderen laat zien als jij ook niet jouw deel uitvoert. Jouw deel mag simpel een vraag stellen zijn, een nieuwe gezichtspunt hebben, een beslissing nemen, of een actie ondernemen richting jouw gewenste doel. Misschien houdt het een risico nemen in, uit jouw comfortzone gaan, om hulp vragen, of een vriendelijke daad stellen om een andere persoon te helpen.

Wanneer we kijken naar hoe mijn ouders in staat waren elkaar te ontmoeten door te corresponderen, verliefd te worden en hun leven samen weer op te bouwen op zulke positieve en betekenisvolle manieren, dat zij kanker en een hartaanval of andere uitdagingen niet zouden toestaan hun te stoppen om voluit te leven. Zij stonden zichzelf nooit toe om in zelfmedelijden te vervallen of zichzelf te identificeren volgens hun ervaringen. Mijn moeder leerde mij wanneer zij zei *"Kanker claimt wellicht mijn lichaam, maar ik ben niet mijn kanker,"* en, *"Hitler kreeg mij niet te pakken en dus mijn kanker ook niet. Ik heb te veel om voor te leven."*

Mijn vader leefde altijd voor morgen door er vandaag de beste dag ervan te maken. Ik weet dat er veel positief-leven-goeroes zijn die praten over de Kracht van Nu en dat leven alleen gaat over vandaag leven, aanwezig te zijn in het moment, en niet te blijven hangen in het verleden of zorgen te maken over morgen.

Misschien is er ruimte voor interpretatie. Veel mensen hebben de neiging om hun leven in het verleden te leven. Ze blijven hangen als een naald op een defecte plaat, herleven hun armoedige opvoeding, misbruik, een mislukt huwelijk of iets dergelijks. Zij lijken niet voorbij hun verleden te komen en door te gaan met hun levens. Mijn ouders waren niet zulke mensen. Zij hadden verschrikkelijke verledens zoals we hebben gezien, maar zij lieten niet hun verledens hun heden of hun toekomst dicteren. Zij keken altijd naar waar zij nu waren, waar zij heen wilden en hoe zij daar gingen komen. Zij leefden iedere dag niet als slachtoffers van hun verleden, maar juist als helden van de dag en visionairs voor hun dagen daarna. Zij hadden sterke waarden, wisten wat zij wilden, accepteerden iedere dag zoals het kwam en keken vooruit naar iedere nieuwe dag met een hernieuwd gevoel van hoop, ijver en dankbaarheid. Dit is wat zij voor mij modelleerden en hoe ik verder ga met mijn leven. Mensen vragen mij of ik mij zorgen maak of mijn kanker terug komt. Eerlijk gezegd, nee dat doe ik niet. Ik focus mij gewoon op iedere dag ten volste te leven en de wijze voetstappen van mijn ouders te volgen.

Mijn manier om mij geen zorgen te maken over morgen is door vandaag de beste keuzes te maken die in lijn zijn met wat ik wil voor mijn dagen na vandaag. Ik zie mensen die in het moment leven door gewoon hun dierlijke instincten te volgen voor onmiddellijk genot en beloning zonder te denken aan onwenselijke consequenties en hun grote geheel doelen voor hun toekomst. Consequenties zijn op de toekomst gebaseerd, maar als we niet aan ze denken voordat we handelen in het heden moment, houden we onszelf voor de gek door te denken dat we ooit echt het leven hebben dat we willen. Bijvoorbeeld, als jij een jaar van nu slanker en gezonder wilt zijn, zul je de beste voedingskeuzes moeten maken en beginnen met veel bewegen en de nodige rust te hebben in het hier en nu. Jouw beste keuzes kunnen daarom niet gedreven worden door dezelfde behoefte aan onmiddellijk genot en beloning die jou in eerste instantie in de problemen bracht. Dit betekent dat je moet nadenken over jouw keuzes in het heden zodat je krijgt wat je wilt in de toekomst. Klinkt dat redelijk? Ik hoop het echt. De truc is om niet te focussen op wat je opgeeft en opoffert op dat moment, maar juist te focussen op het toekomstig gewin. Dit is precies hoe ik mijn gevechten met mijn gewicht overwon tien jaar geleden en het mij gelukt is om het gewicht eraf te houden. Het gaat allemaal over de beste, slimste en strategische keuzes vandaag voor de gewenste blijheid morgen.

Leven in het moment betekent voor mij persoonlijk om tegenwoordigheid van geest te hebben om de beste beslissingen nu die in lijn zijn met de grotere plaatjesdoelen voor mijn toekomst. Dit is wat mij van binnen machtig laat voelen. Wanneer het op geld aankomt, vraag ik jou je af te wegen wanneer genoeg genoeg is. Als je jezelf te pletter werkt, of gestresst raakt van al jouw financiële schulden en verplichtingen, om gewoon grotere, betere en meer dingen te hebben, is dat het echt waard? Ik heb van mijn ouders en mijn persoonlijke ervaringen geleerd dat wanneer ik mensen en relaties meer waardeer dan het verzamelen van meer en meer dingen, ik veel meer vrede ervaar wat mij me lichter en gelukkiger laat voelen van binnen en van buiten. Als jouw waarden over geld jouw gezondheid of geluk in de weg staan, heroverweeg dan die waarden.

Andere lessen die ik geleerd heb van mijn ouders en mijn eigen ervaringen zijn om eerlijk naar mijzelf te zijn en echt mijn eigenwaarde te waarderen en te respecteren. Het gaat allemaal over het leren te uiten, meer dan onderdrukken van onze echte emoties, onze authentieke zelven. Door mijn zorgen achter te laten en mijn angsten los te laten, opende ik mijzelf voor zo veel meer rust in mijn gedachten om mijn tegenslagen aan te kijken. Door het omarmen van mijn eigenwaarde en zelfrespect, heb ik het gewaagd om voor hogere ambities te gaan dan ik ooit had durven dromen. Alleen al het schrijven van dit boek vroeg om een enorme hoeveelheid zelfwaarde en zelfrespect om te geloven dat anderen het verhaal van mijn ouders en dat van mijzelf konden waarderen en er voordeel van konden hebben. Mijn gevoel is dat wanneer je handelt vanuit eerlijkheid en een groter doel dan angst, je grote dingen zult bereiken waarop je trots kan zijn.

We zagen ook hoe kort het leven is en we kunnen gelukkig zijn niet blijven uitstellen tot een datum in de toekomst. Dingen kunnen in een moment veranderen. Dat is een thema wat we door dit boek heen hebben gezien. Ik moedig je aan om te stoppen met het *Ik zal gelukkig zijn als'* syndroom. Wanneer je jezelf dit hoort zeggen, of in jezelf of hardop, merk het op, denk erover en stop het dan. Doe gewoon wat je moet doen om nu gelukkig te zijn, wat simpel de keuze maken is om gelukkig te zijn. Dit betekent om dankbaar te zijn voor wat je hebt en te stoppen met het slachtoffer te zijn van iets wat al gebeurd is. Laat het gaan. Het is tijd om aardiger te zijn tegen jezelf, en er is geen beter tijdstip om daarmee te starten dan dit moment. Geef jezelf toestemming om gelukkig te zijn en leef vandaag goed zodat je geen spijt hebt aan het eind van je leven. Ik nodig je uit om liefde te geven en liefde te vinden, accepteer liefde en heb compassie voor anderen. Herinner je de collega bij de videowinkel die het belangrijker vond dat ik de vuilnis buiten moest zetten dan mezelf haasten naar mijn vader die een hartaanval had gekregen? Dat was een goed voorbeeld van iemand die eraan herinnerd mag worden aan hoe een andere persoon zich zou kunnen voelen als gevolg van haar woorden of acties voordat zij spreekt of handelt. Ik moedig je aan om ook anderen jouw waardering, empathie, begrip en respect te laten zien op dezelfde manier als hoe jij het zou willen. Het is erg moeilijk om woorden terug te nemen wanneer zij uitgesproken zijn en daarvoor moedig ik je aan om te denken voordat je spreekt.

Als mensen over de hele wereld hun bewuste kracht zouden gebruiken voor gewenst goed doen, geloof dat wonderen beschikbaar zijn voor ons als we ons ook beschikbaar maken voor wonderen, en herinner dat dingen misschien *bedoeld zijn om te zijn*, dan zou de wereld een betere plek kunnen zijn. Ik vraag me vaak af wat er zou gebeuren als de hele wereldbevolking één vijand zou hebben. Dit is wat mijn vader opperde jaren geleden. Hij suggereerde dat wanneer de planeet aarde zou worden aangevallen door een groep buitenaardsen, dan alleen zouden alle mensen samen komen als één om de aarde te redden, ongeacht ras, kleur of religie. Als we allemaal één gezamenlijke vijand hadden, konden we direct onze haat stoppen, onze oorlogen en onze door mensen bepaalde religieuze en ideologische grenzen? Als het antwoord ja is, waarom kunnen we het dan niet nu? Dit gebeurde bij mijn vader in het gevangenenkamp toen hij met een groep medegevangenen zat met allemaal verschillende religies en ideeën over God. Zij hadden allemaal één gezamenlijke vijand, de Japanners. Met deze gezamenlijke vijand, waren zij allemaal hetzelfde en haatten zij elkaar niet om elkaars verschillen. Zij baden allemaal samen omdat zij een gezamenlijk doel deelden welke was om gewoonweg te overleven. We hebben de Kracht van Keuze, dus waarom kiezen er zo velen voor het pad van de kracht van hebzucht, haat en slechtheid wanneer zij net zo makkelijk kunnen kiezen voor het pad van respect, empathie, compassie en vriendelijkheid? Als ook dit allemaal *bedoeld is zo te zijn*, misschien *is* het dan *zo bedoeld* dat we ons deel kunnen doen om het te veranderen en de wereld een betere plek te maken.

Eindnoten

[1] The Vught Transit Camp." *H.E.A.R.T Holocaust Education & Archive Research Team.* H.E.A.R.T Holocaust Education & Archive Research Team, 2007. Web. 22 Dec. 2014. <http://www.holocaustresearchproject.org/othercamps/vught.html>.

[2] Camp Vught - Kamparchieven." *Kamparchieven.nl.* The Netherlands Institute for War Documentation. Web. 22 Dec. 2014. <http://www.kamparchieven.nl/en/camps-in-the-netherlands/camp-vught>.

[3] Rosenberg, Jennifer. "The Sobibor Death Camp." *About Education.* About.com, 2014. Web. 22 Dec. 2014. <http://history1900s.about.com/od/holocaust/a/sobibor.htm>.

[4] "Dutch Jews Killed at Mauthausen Concentration Camp." *Scrapbookpages Blog (Further Glory).* 18 Mar. 2011. Web. 22 Dec. 2014. <https://furtherglory.wordpress.com/2011/03/18/dutch-jews-killed-at-mauthausen-concentration-camp/>.

[5] "Comfort Women." *Wikipedia the Free Encyclopedia.* WIKIPEDIA, 8 Dec. 2014. Web. 22 Dec. 2014. <http://en.wikipedia.org/wiki/Comfort_women>.

[6] Franken, John. "Fukuoka II." *Kumpulana - Dutch-Canadian Survivors of Japanese Prison Camps.* Editor Ria Koster, 2010. Web. 22 Dec. 2014. <http://www.kumpulana.ca/stories/Fukuoka_II.html>.

[7] "Transit Camps in the Netherlands." *Aktion Reinhard Camps.* ARC - Aktion Reinhard Camps, 6 Aug. 2006. Web. 23 Dec. 2014. <http://www.deathcamps.org/reinhard/dutchcamps.html>.

[8] Fin, Olga. "Shabbat Candles in Auschwitz." *Chabad.org.* Chabad.org, a Division of the Chabad-Lubavitch Media Center, 2011. Web. 23 Dec. 2014. <http://www.chabad.org/library/article_cdo/aid/1457723/jewish/Shabbat-Candles-in-Auschwitz.htm>.

[9] Rosenberg, Jennifer. "Auschwitz Concentration and Death Camp." *About Education.* About.com, 2014. Web. 23 Dec. 2014. <http://history1900s.about.com/od/holocaust/a/auschwitz.htm>.

[10] "Auschwitz Concentration Camp." *Wikipedia the Free Encyclopedia.* WIKIPEDIA, 13 Dec. 2014. Web. 23 Dec. 2014. <http://en.wikipedia.org/wiki/Auschwitz_concentration_camp.>.

[11] Rosenberg, Jennifer. "Auschwitz Concentration and Death Camp." *About Education*. About.com, 2014. Web. 23 Dec. 2014. <http://history1900s.about.com/od/holocaust/a/auschwitz.htm>.

[12] Rosenberg, Jennifer. "Auschwitz Concentration and Death Camp." *About Education*. About.com, 2014. Web. 23 Dec. 2014. <http://history1900s.about.com/od/holocaust/a/auschwitz.htm>.

[13] Louis Bülow, Louis. "Josef Mengele, The Angel of Death" Web. 2011-13. <http://www.mengele.dk/>.

[14] Meals in the Concentration Camps." *The Holocaust Explained*. The London Jewish Cultural Centre, 1 Jan. 2011. Web. 3 Dec. 2014. <http://www.theholocaustexplained.org/ks3/the-final-solution/auschwitz-birkenau/meals/#.VJkdNBsBh>.

[14] Meals in the Concentration Camps." *The Holocaust Explained*. The London Jewish Cultural Centre, 1 Jan. 2011. Web. 3 Dec. 2014. <http://www.theholocaustexplained.org/ks3/the-final-solution/auschwitz-birkenau/meals/#.VJkdNBsBh>.

[15] "Auschwitz-Birkenau: Living Conditions, Labor & Executions." *Jewish Virtual Library*. American-Israeli Cooperative Enterprise, 1 Jan. 2014. Web. 23 Dec. 2014. <http://www.jewishvirtuallibrary.org/jsource/Holocaust/auconditions.html>.

[16] "Auschwitz-Birkenau: Living Conditions, Labor & Executions." *Jewish Virtual Library*. American-Israeli Cooperative Enterprise, 1 Jan. 2014. Web. 23 Dec. 2014. <http://www.jewishvirtuallibrary.org/jsource/Holocaust/auconditions.html>.

[17] Koker, David, and R. J. Van Pelt. *At the Edge of the Abyss: A Concentration Camp Diary, 1943-1944*. Evanston, Ill.: Northwestern UP, 2012. 343. Print.

[18] Franken, John. "Fukuoka II." *Kumpulana - Dutch-Canadian Survivors of Japanese Prison Camps*. Editor Ria Koster, 2010. Web. 22 Dec. 2014. <http://www.kumpulana.ca/stories/Fukuoka_II.html>.

[19] Franken, John. "Fukuoka II." *Kumpulana - Dutch-Canadian Survivors of Japanese*

[20] Franken, John. "Fukuoka II." *Kumpulana - Dutch-Canadian Survivors of Japanese Prison Camps*. Editor Ria Koster, 2010. Web. 22 Dec. 2014. <http://www.kumpulana.ca/stories/Fukuoka_II.html>.

[21] Franken, John. "Fukuoka II." *Kumpulana - Dutch-Canadian Survivors of Japanese Prison Camps*. Editor Ria Koster, 2010. Web. 22 Dec. 2014. <http://www.kumpulana.ca/stories/Fukuoka_II.html>.

[22] "Burma Railway." *Wikipedia, the Free Encyclopedia*. WIKIPEDIA. Web. 26 Dec. 2014. <http://en.wikipedia.org/wiki/Burma_Railway>.

[23] "Persecution and Deportation of the Jews in the Netherlands 1940-1945." *Dutch Auschwitz Committee*. The Netherlands Auschwitz Committee

Foundation. Web. 23 Dec. 2014. <http://www.auschwitz.nl/en-exposition/introduction.>.

[24] "Rebuilding." *Holocaust and Resistance in World War II Netherlands*. Web. 23 Dec. 2014.

<http://www.hw.com/academics/ushistory/independent/Rebuilding.htm>.

[25] Placing notes in the Western Wall. " *Wikipedia the Free Encyclopedia.* WIKIPEDIA, 23 Oct. 2014. Web. 23 Oct. 2014.

<http://en.wikipedia.org/wiki/Placing_notes_in_the_Western_Wall>

Over de Auteur

Roslyn is een trotse jongvolwassen kankeroverleefster die de kracht van emotionele veerkracht kent in het licht van verandering, uitdaging en tegenslag. Zij is geboren in Montreal, Canada, van een moeder die geleden heeft in de concentratiekampen in Nazi Duitsland en een vader die de Nagasaki atoombom heeft overleefd als een krijgsgevangene in Japan.

Toen zij gediagnosticeerd werd met Hodgkin-Lymfoom op de jonge leeftijd van negenentwintig jaar, leerde Roslyn snel hoe zij haar ouders' doorzettingsvermogen en positiviteit erfde toen zij zelf terug vocht om een lange termijn overlever te worden. Op negenendertigjarige leeftijd, op haar zwaarste gewicht en bezorgd om haar gezondheid, besloot Roslyn nogmaals terug te vechten - alleen deze keer om haar strijd met voeding, stress en leefstijlveranderingen, voor eens en altijd!

Als een geprezen auteur, internationaal spreker en persoonlijk ontwikkelingscoach, deelt Roslyn nu haar ouders' meeslepende overlevingsverhalen, inzichten van haar kankerreis en de bewezen levensprincipes en praktische wijsheden die duizenden mensen wereldwijd voorgoed hebben verlicht naar een gezonder, gelukkiger en meer veerkrachtig leven.

Roslyn heeft een Master's graad in Applied Human Sciences specialized in Human Systems Intervention van Concordia University in Montreal, Certificaat in Organizational Psychology with a focus on Executive Coaching through the Professional School of Psychology in California and MBTI® Personality Type Assessment Qualification from Psychometrics Canada. Zij is ook

de auteur van The A List: 9 Guiding Principles for Healthy Eating
and Positive Living.

Zend Roslyn uw opmerkingen over hoe iets wat u gelezen heeft in dit boek u of iemand die u kent op enige manier geholpen of verlicht heeft. U kunt uw opmerkingen sturen naar Roslyn@RoslynFranken.com.

Om kopieën te bestellen van MEANT TO BE, en om Roslyn Franken voor spreek evenementen, coaching en media interviews te boeken, bezoek www.RoslynFranken.com